30
Gutenacht
Geschichten

FÜR 30 WERTE AUS DEM KORAN

Copyright © 2023 Goodhearted Books Inc.
COPYRIGHT © 2023 GOODHEARTED BOOKS INC.

ISBN: 978-1-988779-67-6

Dépôt légal : bibliothèque et archives nationales du Québec, 2023.
Dépôt légal : bibliothèque et archives Canada, 2023.

Erstellt von   : Bachar Karroum
Editor   : Tamara Rittershaus
Grafikdesign   : Samuel Gabriel
Einbanddesign   : Creative Hands
Deutsche Übersetzung   : Michael Müller

Im Namen Allahs

30 Gutenacht Geschichten für 30 Werte aus dem Koran ist eine Sammlung von 30 kurzen Geschichten, die wichtige Lebenslektionen und Werte vermitteln, die vom Koran inspiriert sind. Diese Geschichten sind für Kinder konzipiert und sollen die persönliche Entwicklung und das Wachstum durch bewegende Erzählungen fördern, die die Bedeutung von Freundlichkeit, Mitgefühl, Ehrlichkeit, Geduld und anderen wichtigen Prinzipien veranschaulichen.

Jede Geschichte ist mit einem Wert aus dem Koran verbunden. Daher stellt dieses Buch eine hervorragende Ressource für Eltern und Lehrer dar, um jungen Menschen islamische Werte zu vermitteln.

Begleiten Sie uns auf dieser Reise der Selbstentdeckung und des Wachstums, während wir die Weisheit des Korans durch fesselnde und bedeutsame Geschichten entdecken.

GLOSSAR

♡ Allah   Arabisches Wort für GOTT
♡ Alhamdulillah   Dank sei Gott
♡ Assalamu Alaikum   Friede sei mit euch
♡ Bismillah   Im Namen Gottes
♡ Dua   Gebet an Allah für sich selbst und andere
♡ Iftar   Mahlzeit zum Fastenbrechen während des Ramadan
♡ InshaAllah   So Gott will
♡ Juz Amma   Ein Teil des Korans, der 30 Kapitel (Suren) enthält.
♡ MashaAllah   Was Gott wollte
♡ Wa Alaikum Assalam   Und Friede sei auch mit euch

INHALTSVERZEICHNIS

# WERT	SEITE

SEI POSITIV

(216) (...) Aber vielleicht ist euch etwas zuwider, während es gut für euch ist, und vielleicht ist euch etwas lieb, während es schlecht für euch ist. Allah weiß, ihr aber wißt nicht.

Al-Baqarah (Die Kuh) 2.216

(...) وَعَسَىٰ أَنْ تَكْرَهُوا شَيْئًا وَهُوَ خَيْرٌ لَكُمْ ۖ وَعَسَىٰ أَنْ تُحِبُّوا شَيْئًا وَهُوَ شَرٌّ لَكُمْ ۗ وَاللَّهُ يَعْلَمُ وَأَنْتُمْ لَا تَعْلَمُونَ ﴿٢١٦﴾

GESCHICHTE 1

Fußball-Probetraining

Zisch! Als der Fußball im Netz einschlug, griff Omar nach seinem Skizzenblock. Mit einigen geschickten und schnellen Bleistiftstrichen hielt er die Kraft fest, mit der der Ball gegen die Nylonfäden prallte.

„Omar, du bist dran!", rief der Trainer und brachte Omar so vom Zeichnen ab.

Omar ließ seinen Skizzenblock an der Seitenlinie fallen und rannte aufs Feld.

„Drei Versuche!", sagte der Trainer.

Der erste Schuss von Omar ging links vorbei. Sein zweiter Schuss wurde von Hugo geblockt, der heute im Tor stand. Omars dritter Schuss ging über Hugos Schulter und landete in der Torecke. *Zisch!*

„Ja!", jubelte Omar.

Nach ein paar Technikübungen lief Omar zurück zur Seitenlinie, um seine Zeichnung fertigzustellen. Jedes Mal, wenn er das *Zischen* des Balls hörte, schaute er auf. Sein Freund Phillip hatte zwei von drei Schüssen getroffen. Hugo sogar alle drei.

„Omar, willst du dich mal als Torwart versuchen?", fragte der Trainer.

„Nein, danke", sagte Omar. Er skizzierte gerade ein Paar Stollenschuhe, die an den Schnürsenkeln baumelten. „Ich bin doch ein waschechter Mittelfeldspieler!"

Nach dem Probetraining stellte der Trainer alle in einer Reihe auf. „Alles klar." Er räusperte sich. „Hört nun, wer es in die Mannschaft geschafft hat."

Omar klatschte, als der Trainer die Namen seiner Freunde aufrief.

Der Trainer zählte dreizehn Jungs auf und sagte dann: „Dem Rest von euch wünsche ich viel Glück im nächsten Jahr!"

„Moment mal." Omar war fassungslos. „Was? Ich habe es nicht ins Team geschafft? Nicht einmal als

Ersatzspieler?"

„Es tut mir leid, mein Junge", meinte der Trainer. „Die anderen Jungs haben sich dieses Mal einfach ein bisschen mehr Mühe gegeben."

Omar rannte nach Hause. Er skizzierte eine Trauerweide, deren Äste im starken Regen nach unten hingen. Eine Träne tropfte auf seinen Notizblock.

Als Omar zu Hause ankam, wischte ihm seine Mutter die Tränen aus dem Gesicht. „Du wirst es nächstes Jahr in die Mannschaft schaffen, Inshallah!"

Omar war wütend. „Wenn ich *dieses Jahr* nicht im Team bin, werde ich mit Sicherheit nicht gut genug sein, um es ins Team der Mittelstufe zu schaffen."

„Manchmal mögen wir bestimmte Sachen nicht, die trotzdem gut für uns sind", erwiderte seine Mutter, „aber Allah kennt alle Dinge, die du nicht wissen kannst. Die Zeit wird es zeigen."

***

Am Montag in der Schule gratulierten Omars Freunde Phillip und Hugo dazu, dass sie es ins Team geschafft hatten.

„Und was ist mit dir, Omar?", fragte ein Mitschüler.

Omars Gesicht wurde rot. Er wünschte, er hätte es gar nicht erst versucht, ins Team zu kommen.

Seitdem ging Omar jeden Tag nach der Schule schnell nach Hause. Er konnte es nicht ertragen, die anderen Jungs auf dem Weg zum Fußballtraining spielen, flachsen und scherzen zu sehen.

Als Omar am Freitag von der Schule nach Hause ging, war die Fußballmannschaft auf dem Weg zu einer Pizza-Party. Die Jungs, die im Auto von Hugos Mutter mitfuhren, sangen die Anfeuerungsrufe ihrer Mannschaft. Die Jungs im Auto des Trainers sangen die Lieder im Radio mit. Alle lachten und freuten sich auf ihr erstes Spiel am Samstag.

Alle außer Omar.

Er lief so schnell wie möglich nach Hause. Dort holte er seinen Skizzenblock hervor und zeichnete ein Haus, dessen Dach von einem Tornado in Stücke gerissen wurde. Dann zerknüllte er die Zeichnung und warf sie weg, als ihm plötzlich ein Briefumschlag auf seinem Schreibtisch auffiel.

Lieber Omar, so stand es in dem Brief,

> *Du hast mit deinen Zeichnungen einzigartige Kreativität und natürliches Talent bewiesen. Wir möchten dich hiermit einladen, unserem elitären Kreativclub für aufsteigende junge Künstler beizutreten.*
>
> *Der Kreativclub für aufsteigende junge Künstler trifft sich wochentags jeweils um 15.00 Uhr zum Zeichnen.*
>
> *Komm doch bitte am Samstag zu unserem Pizzatreffen in der Ahornallee- Mittelschule, um unsere Mitglieder und Kunstlehrer kennenzulernen und mehr über unsere Gemeinschaftsprojekte zu erfahren.*
>
> *Wir freuen uns darauf, mit dir künstlerisch tätig zu sein!*

Omar war sprachlos. Er schaute auf seine Stollenschuhe und seinen Fußball - und dann auf die Dutzende von Bleistiftzeichnungen, die in seinem Zimmer verstreut herumlagen. Eigentlich hatte er doch schon die ganze Zeit gewusst, wo er wirklich hingehörte. Auf den Fußballplatz jedenfalls nicht.

„Alhamdulillah, dann bin ich eben nicht in der Mannschaft!"

Manchmal können sich Dinge, die auf den ersten Blick nicht spaßig erscheinen, als gut für uns herausstellen. Auch wenn wir nicht verstehen, warum etwas passiert, sollten wir darauf vertrauen, dass Allah weiß, was das Beste für uns ist.

EHRE DEINE ELTERN

(23) Und dein Herr hat bestimmt, daß ihr nur Ihm dienen und zu den Eltern gütig sein sollt. Wenn nun einer von ihnen oder beide bei dir ein hohes Alter erreichen, so sag nicht zu ihnen: "Pfui!" und fahre sie nicht an, sondern sag zu ihnen ehrerbietige Worte.

Al-Israa (Die Nachtwan) 17.23

وَقَضَىٰ رَبُّكَ أَلَّا تَعْبُدُوا إِلَّا إِيَّاهُ وَبِالْوَالِدَيْنِ إِحْسَانًا ۚ إِمَّا يَبْلُغَنَّ عِندَكَ الْكِبَرَ أَحَدُهُمَا أَوْ كِلَاهُمَا فَلَا تَقُل لَّهُمَا أُفٍّ وَلَا تَنْهَرْهُمَا وَقُل لَّهُمَا قَوْلًا كَرِيمًا ۝

GESCHICHTE 2

Omas Brille

„Assalamu Alaikum, Fatima. Hol doch dein Bibliotheksbuch und übe das Lesen mit mir", sagte Oma von ihrem Sessel aus.

„Ich will aber gerade nicht!" Die sechsjährige Fatima verschränkte ihre Arme. Seitdem Oma bei Fatimas Familie eingezogen war, kommandierte sie Fatima nur herum. „Du bist nicht meine Mama."

Mama schaute aus der Küche herein. „Fatima! Sei bitte höflich zu deiner Großmutter."

Fatima seufzte, holte ihr Buch und zwängte sich neben Oma in den Sessel. *Der kleine Fuchs hat rote Socken*", las sie vor. *Der ...* Was ist das für ein Wort, Oma?" Fatima zeigte darauf.

„Meine Güte, diese winzigen Buchstaben kann ich nicht lesen. Lass mich schnell meine Brille holen." Oma suchte ihren Kopf ab und durchstöberte ihre Taschen, doch sie hatte ihre Brille anscheinend nicht bei sich. Danach sah sie auf dem Beistelltisch nach. „Oh je, sie ist weg! Habe ich dir eigentlich schon erzählt, dass ich meine alte Brille in der Nacht, in der du geboren wurdest, verloren habe?"

Fatima seufzte. Oma verlor ihre Brille ständig.

„Deine Mama hat mich aus dem Krankenhaus angerufen. Ich war so aufgeregt, dass ich nicht schlafen konnte, also habe ich einen Kuchen gebacken und ..." Oma erhob ihre Stimme. „Zaynab, hast du meine Brille gesehen?"

Fatimas Mutter kam an die Tür. „Nein, Mutter, aber ich werde dir suchen helfen."

„Danke", sagte Oma. „Fatima, lies weiter."

„Einen Kuchen gebacken und?", fragte Fatima.

„Kuchen? Was für einen Kuchen?" Oma schien verwirrt von der Frage.

Fatima seufzte. Oma fing immer Geschichten an und ließ sich dann ablenken. „Ist schon okay. Was ist das für ein Wort? G-I-R-A-F-F-E?"

„Ja, Giraffe", sagte Oma mit einem Nicken.

„Die Giraffe hat hohe Socken ..."

Als Fatima mit ihrem Buch fertig war, kam Mama zu Oma. „Lass mich dich zum Tisch bringen. Es ist Zeit für das Mittagessen."

Oma stand langsam auf, und die beiden gingen Arm in Arm ins Speisezimmer.

***

Nach dem Mittagessen räumte Fatima das Geschirr ab. „Hier ist Omas Brille! Wie ist die denn in der Spüle gelandet?"

Mama lachte. Sie wusch die Brille vorsichtig ab und reichte sie dann an Oma weiter.

„Oh, danke, Zaynab. Das erinnert mich gerade daran, dass ich einen Kuchen gebacken habe, als du zur Geburt von Fatima im Krankenhaus warst."

„Das hast du vorhin schon gesagt!", unterbrach sie Fatima.

Mama zog Fatima auf ihren Schoß. „Sei nicht unhöflich zu Oma und lass uns ihrer Geschichte zuhören."

Als Fatima nickte, lächelte Oma. „Ja, ja, ich habe den Kuchen in den Ofen geschoben und wollte den Küchenwecker einstellen, aber ich konnte die kleinen Zahlen nicht lesen. Aber meine Brille war weder auf dem Kopf noch in meinen Taschen!" Oma suchte wieder ihre Taschen ab und tat so, als würde sie nach ihrer Brille suchen. „Ich hatte sie verloren!"

Mama grinste und lehnte sich näher an Oma an. „Als du ins Krankenhaus kamst, um Fatima kennenzulernen, hast du damals *keinen* Kuchen mitgebracht, stimmt's? Hast du ihn etwa im Ofen *verbrennen* lassen?"

„Oh nein, Zaynab." Oma tätschelte den Arm ihrer Tochter. „Er ist nicht verbrannt - ich habe einfach auf die Wanduhr geschaut. Als ich ihn aus dem Ofen nahm, ragte aber etwas Komisches aus dem Kuchen heraus." Großmutters Augen leuchteten. „Da war doch tatsächlich meine Brille im Kuchen!"

Mama lachte. „Du hast sie in den Kuchen eingebacken?"

Fatima kicherte. „Was hast du dann gemacht?"

„Ich musste meine Brille ja irgendwie da rausholen! Der Kuchen war dann natürlich nicht mehr essbar, also blieb mir nichts anderes übrig, als ihn wegzuwerfen!"

Oma, Mama und Fatima lachten.

Mama umarmte Oma und gab ihr einen Kuss. „Ich hab dich lieb, Mutter."

„Ich hab dich auch lieb, Zaynab." Großmutter wischte sich eine Träne aus dem Gesicht. „Und dich habe ich natürlich auch lieb, Fatima. Ich weiß, dass ich dir manchmal auf die Nerven gehe, aber ich bin froh, dass wir zusammenleben und zusammen *lachen* können."

Fatima lachte gerne mit ihrer Familie. „Ich gewöhne mich schon noch daran, dass du jetzt bei uns wohnst", sagte sie, „aber ich hab dich lieb und werde versuchen, immer nett zu dir zu sein."

„Alhamdulillah für drei Generationen von muslimischen Frauen!" sagte Mama. „Kommt, lasst uns jetzt zusammen einen Kuchen backen!"

Fatima lachte. „Aber nur solange Oma auf ihre Brille aufpasst!"

Allah will, dass wir nett sind und unseren Eltern Respekt entgegenbringen. Auch wenn wir nicht verstehen, warum sie bestimmte Regeln aufstellen, ist es wichtig, dass wir immer höflich und freundlich zu ihnen sind. Wenn unsere Eltern älter werden, wird das sogar noch wichtiger.

SEI HERZLICH

(8) Was aber jemanden angeht, der zu dir geeilt kommt (9) und dabei gottesfürchtig ist, (10) von dem läßt du dich ablenken. (11) Keineswegs! Gewiß, es ist eine Erinnerung. (12) Wer nun will, gedenkt seiner.

Abasa (Der die Stir) 80.8-12

وَأَمَّا مَنْ جَاءَكَ يَسْعَىٰ ۞ وَهُوَ يَخْشَىٰ ۞ فَأَنْتَ عَنْهُ تَلَهَّىٰ ۞ كَلَّا إِنَّهَا تَذْكِرَةٌ ۞ فَمَنْ شَاءَ ذَكَرَهُ ۞

GESCHICHTE 3

Die Festung

In Youssefs Hinterhof öffneten er und sein Nachbar Michi zwei große Kisten.

„Das wird der Hauptteil der Festung sein", sagte Youssef. „Dann verbinden wir diese Kiste und machen einen zweiten Raum."

„Okay, legen wir los", sagte Michi und holte eine Schere aus seinem Rucksack.

Die Jungen schnitten in jede Kiste eine Öffnung und verbanden sie mit doppelseitigem Spezialklebeband. Eine zweite Öffnung bildete die Eingangstür.

Michi faltete die Seite einer dritten Kiste. „Machen wir das Dach mit Klebeband fest. Alles klar, Youssef?"

„Assalamu Alaikum", sagte eine Mädchenstimme. Es war Youssefs jüngere Cousine, Mariam. „Da muss euch noch jemand mithelfen."

„Wa Alaikum Assalam", sagte Youssef. „Mariam, das ist nicht dein Projekt."

„Aber sie hat recht", sagte Michi. „Der Wind bläst mir die Kiste ständig aus der Hand. Sie könnte uns wirklich helfen."

Mariam griff nach einer Ecke der Kiste.

„Auf keinen Fall", sagte Youssef. „Wenn wir sie helfen lassen, denkt sie am Ende noch, dass sie in unsere Festung gehen kann, wie es ihr passt!"

Mariam wich zurück. Die beiden Jungs hielten das Dach fest, und Youssef begann, es abzukleben.

Michi zog eine Grimasse. „Der Wind ist ganz schön heftig." Sein Gesicht wurde rot.

„Ich beeile mich", sagte Youssef. „Das letzte Stück noch ... fertig!" Youssef warf Mariam ein kurzes Grinsen zu.

Mariam ging gerade die übrig gebliebenen Kartons durch. „Lasst uns einen Tunnel bauen. Dieser Karton ist lang genug, um die Festung mit dem Trampolin zu verbinden."

Michis Augen leuchteten auf. „Das ist gar keine schlechte Idee."

Youssef runzelte die Stirn. „Vergiss es. Nein heißt nein."

***

Nach dem Mittagessen entdeckten die Jungs Mariam, die gerade dabei war, zwei lange Lichterketten über die Festung zu spannen.

„Was machst du denn da?", fragte Youssef. „Das ist *unser* Projekt!"

„Oma hat mir diese Lichter gegeben", sagte Mariam. „Michi, kannst du mir vielleicht helfen, kleine Löcher zu machen, damit wir die Lichter festmachen können?"

„Ach, mach doch deine eigenen Löcher", unterbrach sie Youssef, „und komm uns nicht in die Quere." Er machte sich wieder an die Arbeit. „Befestigen wir die Tür auf einer Seite mit Klebeband, damit wir sie auf- und zumachen können."

Während die Jungs arbeiteten, steckte Mariam jedes kleine Licht durch das Pappdach. Sie klebte einen langen Karton ab, um einen schmalen Tunnel zu bauen. Michi schnitt eine Öffnung in ihn und half Mariam, ihren Tunnel zu befestigen.

„Wer will zuerst rein?", fragte Mariam.

Michi kroch unter das Trampolin und schlängelte sich in den Tunnel. Er legte sich auf den Bauch und krabbelte auf den Ellbogen hindurch.

Mariam führte das Stromkabel der Lichterkette zu einer Steckdose auf der Veranda. Als sie den Stecker einsteckte, funkelten die Lichter auf Michis Gesicht.

Michi sah auf und lachte. „Es ist wie ein Sternenhimmel. Echt cool, Mariam."

Youssef schnaubte. „Noch cooler wäre es, wenn du mir bei der Tür helfen würdest."

Mariam setzte sich neben ihren Cousin aufs Gras. „Ich weiß, dass du das als reines Jungenprojekt haben wolltest. Allah erwartet von uns aber, dass wir ein offenes Herz haben. Es wäre also schön, wenn du mich bei euch mitmachen lässt."

Youssef saß schweigend da.

Michi krabbelte auf dem Bauch liegend aus dem engen Tunnel. „Das ist echt der Hammer!" Er lachte, bis sein Blick auf Youssef fiel.

Youssef seufzte. „Ja ... ist echt klasse geworden." Er bot Mariam seine Hand an. „Na los, Cousine - sicher passe auch ich durch deinen engen Tunnel, Inshallah."

Allah möchte, dass wir ein offenes Herz bewahren. Wir sollten immer freundlich zu denen sein, die uns die Hand reichen, aus Freundschaft, um zu helfen oder um zu lernen.

SEI DANKBAR

(7) Und als euer Herr ankündigte: ‚Wenn ihr dankbar seid, werde Ich euch ganz gewiß noch mehr (Gunst) erweisen.

Ibrahim (Abraham) 14.7

وَإِذْ تَأَذَّنَ رَبُّكُمْ لَئِنْ شَكَرْتُمْ لَأَزِيدَنَّكُمْ (...) ﴿٧﴾

GESCHICHTE 4

Alhamdulillah, ich habe dich

„Das Baby wird bald kommen." Malaks Mama rieb ihren gewaltigen Babybauch. „Yasmins altes Zimmer wird das Babyzimmer. Du und Yasmin werdet euch dann also ein Schlafzimmer teilen."

„Dieses Baby bedeutet nichts als Ärger." Die sechsjährige Malak runzelte die Stirn. „Ich will mein eigenes Zimmer."

Mama zog Malak an sich. „Lass uns lieber dankbar sein, dass unsere Familie weiter wächst."

„Ich habe *nichts*, wofür ich dankbar sein müsste", entrüstete sich Malak. „Unser Haus ist zu klein für ein weiteres Kind!"

Mama schüttelte den Kopf. „Ich bin dankbar für unser Haus – für unser schönes Zuhause für dich, Yasmin und das Baby."

Mama und Malak halfen Yasmin, ihre Kleidung und ihr Spielzeug in ihr neues Zimmer zu bringen.

Als Malak später ihre Hausaufgaben machte, schrie Yasmin auf einmal: „Malak, hilf mir!"

Malak schreckte auf. „Was ist denn?"

„Das Haarband ist abgegangen!" Yasmin hielt Becky, Malaks Lieblingspuppe, hoch. Die Haare der Puppe waren ein einziges Durcheinander.

„Gib Becky sofort her!" Malak riss ihrer Schwester die Puppe aus der Hand und versuchte, ihr die Haare zu glätten. „Du hast ihre Haare ruiniert!", rief sie.

Yasmin ließ die Schultern hängen. „Ich wollte ihr nur die Haare bürsten."

„Das ist *meine* Bürste! *Bäh*! Sie ist ja voll mit Puppenhaaren!"

Mama stürzte ins Zimmer. „Malak, warum schreist du so?"

Malak ballte die Hände zu Fäusten. „Sie hat meine Haarbürste benutzt! Und meine Puppe ruiniert! Und ich kann meine Hausaufgaben nicht machen! Yasmin soll raus aus meinem Zimmer!"

„Das ist auch Yasmins Zimmer", sagte Mama.

„Ich hasse es, mein Zimmer zu teilen!"

„Oh." Mama senkte den Blick. Sie stütze sich auf Malaks Kommode ab und atmete langsam ein und aus. Kurz darauf sagte sie: „Euer kleiner Bruder kommt heute, Inshallah! Ich muss Tante Khadija anrufen."

Mama erledigte schnell einige Telefonate und packte ihren Koffer. Alle paar Minuten hielt sie inne, stützte sich an den Möbeln ab und machte einige tiefe Atemzüge. „Inshallah wird Tante Khadija bald da sein. Dann kann Papa mich ins Krankenhaus fahren." Sie umarmte ihre besorgten Töchter. „Schaut mal, da ist Tante Khadija."

Während Mama weg war, war Malak beschäftigt: Sie räumte Becky und ihre anderen Lieblingsspielzeuge in ein höheres Regal, machte ihre Hausaufgaben fertig und spielte allein in ihrem Zimmer.

***

Nach dem Abendessen kam Tante Khadija ins Zimmer der Mädchen. „Euer Papa hat gerade angerufen. Euer kleiner Bruder ist da!", sagte sie. „Mama und dem Baby geht es gut."

„Alhamdulillah", sagte Malak.

Tante Khadija wischte sich die Freudentränen aus dem Gesicht. „Bevor sie morgen nach Hause kommen, können wir in der Zwischenzeit doch üben, wie man ein Baby hält." Sie holte Becky aus dem Regal.

Malak setzte sich zu Tante Khadija und stellte sich vor, ihren kleinen Bruder im Arm zu halten. „Ich bin so dankbar, dass es den beiden gut geht. Irgendwie habe ich unser Baby jetzt schon lieb, obwohl ich es noch gar nicht gesehen habe."

„Wenn wir dankbar sind, wächst unsere Liebe", sagte Tante Khadija und legte Becky in Malaks Arme. „Leg den Kopf des Babys auf deinen Ellbogen, um seinen Hals zu stützen."

Yasmin kletterte auf das Bett. „Ich will es auch mal versuchen!"

Malak zeigte ihrer Schwester, wie sie das Baby halten sollte. Yasmin kicherte und tat so, als würde sie ihren kleinen Bruder kuscheln und küssen.

„Du wirst bestimmt eine gute große Schwester sein", sagte Malak.

Yasmin lächelte. „Genau wie du eine gute große Schwester für mich bist."

Malak wurde rot. Sie spürte in diesem Moment, wie ihre Liebe zu Yasmin wuchs. „Alhamdulillah, dass es dich gibt, Yasmin."

„Alhamdulillah, dass es dich gibt, Malak." Yasmin hielt Malaks Haarbürste hoch. „Ich habe alle Puppenhaare rausbekommen."

Malak lächelte. „Kannst du mir helfen, Beckys Haare zu richten?"

Sie machten sich gemeinsam an die Arbeit.

Allah möchte, dass wir für alles dankbar sind, was wir haben, wozu natürlich auch die Menschen in unserem Leben zählen. Wenn wir dankbar sind, schenkt Er uns noch mehr Segen. Lass uns also nie vergessen, Allah für alles, was wir haben, zu danken.

GIB UM ALLAHS WILLEN

(264) O die ihr glaubt, macht nicht eure Almosen durch Vorhaltungen und Beleidigungen zunichte, wie derjenige, der seinen Besitz aus Augendienerei vor den Menschen ausgibt und nicht an Allah und den Jüngsten Tag glaubt! (...)

Al-Baqarah (Die Kuh) 2.264

يَا أَيُّهَا الَّذِينَ آمَنُوا لَا تُبْطِلُوا صَدَقَاتِكُمْ بِالْمَنِّ وَالْأَذَى كَالَّذِى يُنْفِقُ مَالَهُ رِئَاءَ النَّاسِ وَلَا يُؤْمِنُ بِاللَّهِ وَالْيَوْمِ الْآخِرِ (...) ﴿٢٦٤﴾

GESCHICHTE 5

Hamzas Äpfel

„Ich habe diesen Baum für dich gepflanzt, als du geboren wurdest." Hamzas Mutter zog einen Ast bis auf Augenhöhe herunter. „So wie du wächst, wächst auch der Baum. Seine Äpfel sind deine Äpfel."

Die Blüten waren bereits abgefallen und an den Zweigen bildeten sich winzige grüne Äpfel aus. Hamza nahm sie sorgfältig unter die Lupe.

„Inshallah werden sie lecker sein. Ich will sie alle essen!"

Mama lächelte. „Inshallah wird es dieses Jahr viel mehr Äpfel geben als letztes Jahr."

In den warmen Sommermonaten wuchsen die Äpfel und wurden rosarot. Als die Schule im Herbst wieder losging, waren die Äpfel reif. Jeden Tag nahm Hamza einen Apfel als Pausenbrot mit in die Schule.

Am Wochenende pflückten Hamza und Mama einen Eimer voll Äpfel und backten einen Apfelkuchen.

„Alhamdulillah für meine leckeren Äpfel!" Hamza aß gerade sein zweites Stück Kuchen.

***

Am Montag brachte er einen zweiten Apfel für seinen besten Freund Ali mit in die Schule.

„Danke, Hamza", sagte Ali. „Deine Äpfel sehen immer so lecker aus!"

Am nächsten Tag brachte Hamza noch mehr Äpfel mit. Er teilte sie mit den Kindern an seinem Mittagstisch.

„Das ist der beste Apfel, den ich je gegessen habe", sagte Justin zwischen zwei Bissen.

Henry nickte eifrig. „Du hast echt Glück, dass du deinen eigenen Baum hast!"

Ali nahm einen großen Bissen. „Mampf, mampf!"

Als Hamza von der Schule nach Hause ging, stolperte er über einen verfaulten Apfel auf dem Boden. Er nahm ihn mit nach Hause und zeigte ihn seiner Mutter.

„Das ist wirklich schade", sagte Mama und warf den Apfel in den Müll.

„Mama, als ich die Äpfel mit meinen Freunden teilte, bekam ich ein richtig gutes Gefühl. Mein Herz war glücklich, meine Freunde glücklich zu sehen. Lass uns die Äpfel verschenken, solange sie noch frisch sind."

„Das ist eine wundervolle Idee. Verschenken wir sie um Allahs willen", fügte Mama hinzu.

Hamza runzelte die Stirn. „Um Allahs willen?"

Mama lächelte. „Das heißt, aus Liebe zu Allah jemandem etwas zu geben, der in Not ist, ohne eine Gegenleistung zu erwarten."

Am Sonntag kam Ali vorbei, um Hamza zu helfen. Sie pflückten Äpfel, bis ihre Arme müde wurden.

„Mashallah, was für ein schöner Baum", sagte Ali.

Hamza seufzte. „Wir verschenken sie aus Liebe zu Allah."

Die Jungs packten die Äpfel in zwei große Kisten und luden sie ins Auto. Dann setzten sie sich auf die Rückbank und alle schnallten sich an.

„Wohin geht's?", fragte Mama.

„Ins Kinderheim der Stadt, bitte", sagte Hamza.

Dort angekommen, fanden Hamza und Ali die Direktorin des Kinderheims in ihrem Büro.

„Dürfen wir ein paar selbst angebaute Äpfel spenden?", fragte er.

Die Direktorin legte ihre Hand auf ihr Herz. „Das ist aber nett! Vielen Dank!" Sie zückte eine Kamera. „Lasst mich bitte schnell ein Foto von euch mit eurer Spende machen, damit wir euch auch in der Zeitung danken können!"

„Oh, nein, das ist schon okay." Hamza schüttelte den Kopf und stellte die schweren Kisten ab. „Wir wollen nur unseren Segen teilen."

In der darauffolgenden Woche zeigte Hamzas Mutter ihm die Lokalzeitung. Die Schlagzeile lautete: *Spaß mit Äpfeln im Freudenthal-Kinderheim.*

Eine großzügige Spende frischer Äpfel war der Anlass für ein kleines Apfelfest im Freudenthal-Kinderheim. Nach dem Genuss von frischen Äpfeln und Spielen rund um das Thema Apfel hatten die Kinder und Mitarbeitenden außerdem Spaß beim Zubereiten von vier Apfelkuchen und sechzehn Gläsern Apfelmus. „Diese Spende war ein wahrer Segen für uns", sagte Heimleiterin Susanne Park. „Damit auch wir unsere Mitmenschen segnen können, haben wir acht Gläser Apfelmus an die Obdachlosenunterkunft in der Goldallee gespendet."

Hamza erkannte die Direktorin und mehrere Kinder aus der Schule auf dem Foto. Alle sahen glücklich aus und hielten einen frischen Apfel in der Hand. Hamza konnte nicht aufhören zu lächeln.

Mama umarmte ihn. „Dein Baum ist langsam von einem winzigen Schössling zu einem reifen Baum herangewachsen, der uns mit Früchten ehrt - genauso wie du von einem winzigen Baby zu einem weisen jungen Mann herangewachsen bist, der Allah mit seinem großen Herzen ehrt."

Wenn wir anderen helfen, ist es wichtig, dass wir es mit einem freundlichen und ehrlichen Herzen tun. Geben, nur um beim Geben gesehen zu werden, ist keine wahre Freundlichkeit. Lass uns immer darauf achten, dass unsere Handlungen aus Liebe zu Allah und zur Hilfe für andere erfolgen, ohne dass wir auf Lob oder Schaden aus sind. Denk daran: Wahre Freundlichkeit kommt von Herzen und macht jeden glücklich und gesegnet.

BEGRÜßE VIELFALT UND EINBEZIEHUNG

(13) O ihr Menschen, Wir haben euch ja von einem männlichen und einem weiblichen Wesen erschaffen, und Wir haben euch zu Völkern und Stämmen gemacht, damit ihr einander kennenlernt. Gewiß, der Geehrteste von euch bei Allah ist der Gottesfürchtigste von euch. (...)

Al-Hujurat (Die Wohnunge) 49.13

يَا أَيُّهَا النَّاسُ إِنَّا خَلَقْنَاكُمْ مِنْ ذَكَرٍ وَأُنْثَىٰ وَجَعَلْنَاكُمْ شُعُوبًا وَقَبَائِلَ لِتَعَارَفُوا إِنَّ أَكْرَمَكُمْ عِنْدَ اللَّهِ أَتْقَاكُمْ (...) ﴿١٣﴾

GESCHICHTE 6

Wandmaltag

„Morgen ist Wandmaltag in meinem Kunstclub!" Omar konnte nicht aufhören zu grinsen.

Hugo lehnte sich nach vorne. „Was malst du denn?"

„Inshallah, an der Mauer bei den Fußballfeldern."

„Ich weiß, *wo* du malst!" sagte Hugo lachend. „Ich wollte wissen, *was* du malen wirst!"

Omars Augen leuchteten auf. „Es geht um die Bedeutung der Bienen. Auf der linken Seite male ich ein paar Bienen und ein paar Blumen. Auf der rechten Seite dann tonnenweise Bienen und tonnenweise Blumen. Und in der Mitte geht ein Mädchen in den Sonnenuntergang. Das wird echt klasse!"

„Ja, klingt wirklich cool", sagte Hugo. „Viel Glück morgen!"

***

Am nächsten Tag traf Omar seinen Freund Mohammed im Stadtpark.

Leute, die *nicht* zur Ahornallee gehörten, luden Farbe, Leitern, Planen und Pinsel ab.

Omar und Mohammed trugen eine Plane und rollten sie an der Mauer aus. Dann stießen sie mit dem Rücken mit einem anderen Jungen zusammen, der gerade dasselbe tat.

„Hey", sagte Omar. „Kenne ich dich nicht? Du hast doch für Otterbach Fußball gespielt."

„Ich bin Alex", sagte der Junge.

„Ich bin Omar vom Ahornallee-Kreativclub für aufsteigende junge Künstler. Ihr seid in unserem Bezirk."

Alex verschränkte die Arme. „Die Ahornallee ist im Bezirk von Otterbach."

Omar sah Muhammad und seine anderen Freunde an. „Aber wir malen hier ein Wandbild."

Alex trat einen Schritt zurück. „Nein, hier malt der Otterbach-Kunstclub."

„Das kann nicht stimmen", sagte Omar. „Ihr habt doch die Mauer gegenüber dem Stadtbad."

„Nö." Alex schüttelte den Kopf. „Uns gehört diese Mauer hier."

Der Sponsor des Kreativclubs kam auf die Jungs zu. „Wie es scheint, hat die Stadt dieselbe Wand zwei verschiedenen Kunstclubs zugeteilt." Er schüttelte den Kopf. „Eine Gruppe wird wohl auf die andere Seite des Gebäudes wechseln müssen."

Omar sprang nach vorne. „Hier arbeitet die Ahornallee. Unser Bild muss von links nach rechts betrachtet werden."

„Otterbach kann die andere Seite aber nicht benutzen!", platzte Alex heraus, „Genau da, wo wir zwei Gesichter malen würden, ist ein Fenster!"

Mohammed meldete sich zu Wort: „Können wir nicht irgendwie gemeinsam an dieser Mauer arbeiten?"

Omar war sauer. „Die sind doch auf keinen Fall talentiert genug, um mit uns zu arbeiten. Außerdem haben wir keine Lust, uns mit Leuten zusammenzutun, die nicht aus unserer Gruppe sind."

Alex entgegnete: „Wir arbeiten bestimmt nicht mit denen von der Ahornallee zusammen!"

Omar verschränkte die Arme. „Wir arbeiten schon seit Monaten an unserem Entwurf!"

„Unser Thema ist unglaublich wichtig!", sagte Alex.

Plötzlich wurde es kurz still.

Omar räusperte sich. „Was ist denn dein Thema?"

„Vielfalt begrüßen", sagte Alex und lächelte. „In unserem Bild gehen Menschen unterschiedlicher Kulturen, Religionen und Fähigkeiten gemeinsam in den Sonnenuntergang. Es zeigt, dass jeder Mensch unter der Sonne gleich geboren ist."

„Vielfalt begrüßen", wiederholte Omar. Ihm kam etwas in den Sinn, was sein Vater sagen würde: *„Um mit gutem Beispiel voranzugehen und Positives zu verbreiten, schließe ich andere ein und begrüße Vielfalt."*

„Unsere Schulen sind Konkurrenten" – Omar rollte ein großes Papier mit ihrem Entwurf aus – „aber wir es aussieht, haben wir beide gute Werte."

„Oh, wow", sagte Alex. „Es ist wahnsinnig wichtig, die Bienen zu schützen." Auch er rollte den Entwurf seines Clubs aus.

Omar und Alex legten die beiden Entwürfe übereinander und hielten sie gegen das Sonnenlicht.

Omar sagte. „Wenn wir die Bienen ein bisschen kleiner machen ..."

„Und wir den Rollstuhl dieses Jungen nach links verschieben ..." machte Alex weiter ...

„Dann können wir die vielfältige Menschengruppe mit den Bienen zeigen und so beide Themen miteinander verbinden!", vollendete Omar.

„Ist es okay für euch, mit Kindern aus Otterbach zu arbeiten?", fragte Alex.

Die beiden schüttelten sich die Hände.

„Das wird der Hammer!"

Gemeinsam gestalteten sie ihre Entwürfe um und fingen an zu malen.

***

In der Mittagspause kickten Alex und Omar einen Fußball herum.

„Es hat echt Spaß gemacht, mit dir zu arbeiten", sagte Alex.

„Ja." Omar lächelte. „Lass uns doch nächstes Jahr ein Wandgemälde für die Mauer am Stadtbad entwerfen!"

In Allahs Augen sind wir alle gleich, egal, woher wir kommen oder wie wir aussehen. Wichtig ist, wie wir andere behandeln und dass wir unser Leben auf eine gute Art und Weise leben. Lass uns versuchen, so gütig, freundlich, respektvoll und gerecht zu anderen zu sein, wie es uns möglich ist.

SAG IMMER DIE WAHRHEIT

(70) O die ihr glaubt, fürchtet Allah und sagt treffende Worte, (71) so läßt Er eure Werke als gut gelten und vergibt euch eure Sünden. Und wer Allah und Seinem Gesandten gehorcht, der erzielt ja einen großartigen Erfolg,

Al-Ahzab (Die Verbünde) 33.70-71

يَا أَيُّهَا الَّذِينَ آمَنُوا اتَّقُوا اللَّهَ وَقُولُوا قَوْلًا سَدِيدًا ۝ يُصْلِحْ لَكُمْ أَعْمَالَكُمْ

وَيَغْفِرْ لَكُمْ ذُنُوبَكُمْ ۗ وَمَنْ يُطِعِ اللَّهَ وَرَسُولَهُ فَقَدْ فَازَ فَوْزًا عَظِيمًا ۝

GESCHICHTE 7

Die Sommer-Leseaufgabe

„Assalamu Alaikum, Hamza", begrüßte Ali seinen Freund Hamza am ersten Schultag nach den Sommerferien.

„Wa Alaikum Assalam", sagte Hamza. „Was hast du den Sommer über gemacht?"

Ali zuckte mit den Schultern. „Nicht viel. Größtenteils war ich zu Hause."

„Ja, ich auch." Hamza nickte. „Aber ich habe alle Bücher der Sommer-Leseaufgabe gelesen, also werde ich, InshaAllah, zur Pizza-Party gehen!"

Ali biss sich auf die Lippe. „Oh ja ... ich auch." Er wandte seinen Blick von Hamza ab. „Hey, ich schaue mal kurz in der Bibliothek vorbei." Schon machte er kehrt und ging davon.

„Okay, wir sehen uns dann im Unterricht!", sagte Hamza, aber Ali war schon außer Sichtweite.

Ali rannte in die Schulbibliothek und schnappte sich die Sommerleseliste. Er schrieb seinen Namen hinein und setzte hinter jedes Buch einen Haken. Es waren vierundzwanzig Bücher auf der Liste, aber in Wahrheit hatte Ali kein *einziges* davon wirklich gelesen.

„Hier ist meine Liste, Frau Moser", sagte Ali.

„Oh, Ali, du hast die komplette Liste gelesen!" Die Bibliothekarin strahlte. „Toll gemacht! Vergiss nicht, die Pizza-Party fängt heute um 11.30 Uhr an!"

„Danke, Frau Moser. Bis dann!", sagte Ali und eilte zum Unterricht.

***

Auf der Pizza-Party verkündete Frau Moser: „Alle Kinder hier haben *mindestens* zwölf der vierundzwanzig Bücher auf der Sommerleseliste gelesen! Herzlichen Glückwunsch! Ich habe eure Namen in den Hut hier gesteckt. Einer von euch wird dieses schicke neue Tagebuch gewinnen! Lasst uns also den Gewinner auslosen."

„Das ist ein cooles Tagebuch."

„Ziehen Sie mich, Frau Moser!"

„Hoffentlich gewinne ich!", hallte es durch den Raum.

„Und der Gewinner ist … Ali! Herzlichen Glückwunsch, Ali!"

Ali sprang auf. „Juhu! Danke! Ich gewinne sonst nie etwas!"

„Nun, du hast es verdient! Es ist schließlich keine leichte Aufgabe, so viele Bücher zu lesen."

Ali wurde rot. Er wagte es nicht, Frau Moser zu sagen, dass er eigentlich keines der Bücher gelesen hatte.

Frau Moser zeigte auf die Bücher. „Sucht euch jetzt bitte alle ein Buch aus, das euch besonders gut gefallen hat, und teilt es mit der Gruppe."

Ali suchte sich das dünnste aus und blätterte durch die Bilder. Als er an der Reihe war, las er den Titel: „*Der Gruffalo*. Es geht um eine kleine Maus und ein Monster, und sie erleben ein lustiges Abenteuer."

Ein Mädchen hob ihre Hand. „Darum geht es doch gar nicht! Der Gruffalo will die Maus fressen, aber die Maus trickst ihn am Ende aus!"

„Oh." Ali schüttelte den Kopf. „Da habe ich vielleicht etwas verwechselt."

Einige Mädchen kicherten.

„Das ist schon okay", sagte Frau Moser. „Such dir einfach ein Buch aus, an das du dich besser erinnern kannst."

Alle Augen waren auf Ali gerichtet. Er schaute auf die Bücher, die er nicht gelesen hatte, auf seine Klassenkameraden und dann auf seine Füße. Sein Herz wurde schwer.

„Es tut mir leid. Aber ich habe in Wirklichkeit keines der Bücher gelesen. Ich habe die Sommerlektüre total vergessen."

Ein Raunen ging durch den Raum.

Dann herrschte Mucksmäuschenstille – bis Hamza das Wort ergriff. „Warum gründen wir nicht einen Buchclub? Wir können nach der Schule in die Bücherei kommen und zusammen lesen. Dann vergessen wir unsere Leseaufgaben auch nicht."

„Wir könnten Lesepartner haben", schlug ein Junge vor.

„Und unsere Lieblingsbücher teilen", sagte ein Mädchen.

„Da mache ich mit", sagte ein anderer.

„Ich auch."

„Ich auch!"

Hamza stupste Ali an. „Die Bibliothek ist voller super Bücher. Wäre vielleicht wirklich besser, sie zu lesen anstatt uns auszutricksen", sagte er mit einem Augenzwinkern.

„Ja", sagte Ali. „Ich hätte nicht lügen sollen. Wenn ich verspreche, in Zukunft nur noch die Wahrheit zu sagen, kann ich dann deinem Club beitreten?"

„Klar!", sagte Hamza.

Ali reichte das Tagebuch an Frau Moser zurück. „Sie sollten einen anderen Gewinner auswählen. Ich habe den Preis nicht verdient."

Hamza unterbrach ihn: „Frau Moser, können wir nicht *alle* das Tagebuch haben? Wir könnten es für unseren Club benutzen."

Frau Moser lächelte. „Das ist eine tolle Idee, Hamza."

Hamza schlug die erste Seite des Notizbuchs auf und schrieb. „Melde dich *hier* für den Buchclub der Erstklässler an!"

Allah mag es, wenn wir ehrlich sind und uns keine Geschichten ausdenken.
Selbst wenn wir einen Fehler machen, helfen uns Lügen nicht weiter. Es ist
besser, wahrhaftig zu sein, damit andere uns vertrauen können.

SEI BESCHEIDEN

(63) Die Diener des Allerbarmers sind diejenigen, die maßvoll auf der Erde umhergehen und die, wenn die Toren sie ansprechen, sagen: "Frieden!"

Al-Furqan (Das Kennzeic) 25.63

وَعِبَادُ الرَّحْمَنِ الَّذِينَ يَمْشُونَ عَلَى الْأَرْضِ هَوْنًا وَإِذَا خَاطَبَهُمُ الْجَاهِلُونَ

قَالُوا سَلَامًا ۝

GESCHICHTE 8

Die Schnellste der ersten Klasse

„Assalamu Alaikum", grüßte Fatima ihre Freunde in der Pause.

„Wa Alaikum Assalam", sagte Malak. „Wollen wir Fangen spielen?"

Fatima sprang auf. „Dann bin ich zuerst dran, ich bin ja die Schnellste!"

„Wir bekommen aber drei Sekunden Vorsprung!", sagte Jessica.

Malak, Jessica und Lily rannten los. Fatima zählte bis drei und stürmte dann über den Schulhof – die Leiter hoch, die Rutsche runter, um die Spielgeräte herum, hin und her und wieder hin und her.

„Hab dich!", sagte sie, als sie Malak fing.

Malak fing danach schnell Lily, die Jessica fing, die wiederum Malak fing.

„Ich kriege dich, Fatima!" Malak verfolgte sie. Nach einer Weile musste Malak jedoch stehen bleiben, um Luft zu schnappen. „Du bist einfach zu schnell!"

„Ich habe dir doch gesagt, dass ich die Schnellste bin", sagte Fatima. „Ich bin das schnellste Mädchen in der ganzen ersten Klasse!"

Lily klatschte in die Hände. „Okay, dann beweise es uns!" Sie rief auf dem Spielplatz: „Wer will mit Fatima ein Wettrennen machen, um das schnellste Mädchen der ersten Klasse zu finden?"

Mehrere Erstklässler stellten sich in einer Reihe auf.

Lily stand mit ausgestreckten Armen an der Ziellinie. „Auf die Plätze...", rief sie, „fertig ... los!"

Fatima rannte los und klatschte als Erste bei Lily ab. *Klatsch!*

Die anderen Läuferinnen folgten. *Klatsch! Klatsch! Klatsch!*

Lily hielt Fatimas Hand hoch. „Wir haben eine Gewinnerin!"

Fatima jubelte: „Ich bin Weltmeisterin!"

„Du bist Meisterin der *ersten Klasse*", sagte Contessa, ein Mädchen aus der zweiten Klasse. „Tritt doch mal gegen mich an."

Lily bereitete daraufhin ein zweites Rennen vor. „Auf die Plätze ... fertig ... los!"

Klatsch! Contessa klatschte auf Lilys Hand.

Klatsch! Klatsch! Klatsch! Fatima und die anderen folgten.

Lily hielt Contessas Hand hoch. „Wir haben eine *neue* Weltmeisterin!"

Contessa jubelte.

Immer noch außer Atem vom Rennen sagte Fatima: „Ich bin Zweite geworden!"

Contessa lachte gemein und ging näher an Fatima heran. „Du hast verloren. Keine Erstklässlerin ist so schnell wie ich!"

„Hey! Wir haben doch nur Spaß", sagte Fatima.

„Tritt doch noch mal gegen mich an!", stichelte Contessa. „Ich zeig dir *zweimal in Folge*, dass ich schneller bin als du." Sie beugte sich näher an Fatimas Gesicht heran. „Du hast doch keine Angst, oder?"

Fatima schüttelte den Kopf. „Bitte fang keinen Streit an. Du hast das Rennen gewonnen. Lass uns doch etwas anderes spielen."

„Wie wäre es mit Tischtennis?", schlug Malak vor.

Contessa schnappte sich den Ball. „Ich habe das Rennen gewonnen, also schlage ich zuerst auf!"

Fatima zuckte mit den Schultern. „Na gut. Ich habe das Rennen verloren. Ich setze erst einmal aus. Wir können uns ja abwechseln, wenn jemand einen Punkt verliert."

Contessa und Malak spielten gegen Lily und Jessica. Contessa schlug den Ball zu Lily, die ihn zu Malak schlug, die ihn wiederum zu Jessica schlug. Jessica verpasste den Ball dann jedoch.

Contessa schnaubte. „Du hast den Punkt verloren, Jessica. Du bist raus!"

Jessica übergab ihren Schläger an Fatima. Jetzt spielten also Fatima und Lily gegen Contessa und Malak.

Nach mehreren Runden, in denen die Mädchen sich einen Schlagabtausch lieferten, hielt Fatima kurz den Ball fest. „Ich kann nicht glauben, dass du noch nicht einmal tauschen musstest", sagte sie zu Contessa.

Contessa verschränkte ihre Arme. „Naja, ich habe ja noch keinen Punkt verloren", sagte sie angespannt.

„Ich bin echt gut im Tischtennis!"

Fatima lächelte. „Ja, bist du wirklich. Kannst du mir zeigen, wie du den Ball so anschneidest?"

„Oh." Contessas Haltung entspannte sich. „Okay, klar." Sie nahm den Ball und einen Schläger in die Hände. „Also, du schlägst ihn hier sanft über die Spitze ..."

„Ich will es auch mal versuchen!" sagte Lily.

„Ich auch!", sagte Jessica.

Die Mädchen wechselten sich beim Üben ab. Schon bald unterhielten sie sich unbeschwert, lachten, jagten weggesprungenen Bällen hinterher und ermutigten sich gegenseitig.

Fatima hielt den Ball fest. „Diesen Trick hätten wir nicht gelernt, wenn wir uns in der Pause einfach weiter mit Angeben beschäftigt hätten, wer das schnellste Mädchen ist." Sie bot Contessa einen angeschnittenen Ball an.

Allah möchte, dass wir bescheiden sind und nicht angeben. Es ist nicht gut, zu
prahlen und allen zu erzählen, wie gut oder erfolgreich wir sind.

TEILE DEINEN SEGEN

(215) Sie fragen dich, was sie ausgeben sollen. Sag: Was immer ihr an Gutem ausgebt, soll den Eltern, den nächsten Verwandten, den Waisen, den Armen und dem Sohn des Weges zukommen. Und was immer ihr an Gutem tut, so weiß Allah darüber Bescheid.

Al-Baqarah (Die Kuh) 2.215

يَسْأَلُونَكَ مَاذَا يُنْفِقُونَ ۖ قُلْ مَا أَنْفَقْتُمْ مِنْ خَيْرٍ فَلِلْوَالِدَيْنِ وَالْأَقْرَبِينَ وَالْيَتَامَىٰ وَالْمَسَاكِينِ وَابْنِ السَّبِيلِ ۗ وَمَا تَفْعَلُوا مِنْ خَيْرٍ فَإِنَّ اللَّهَ بِهِ عَلِيمٌ ﴿٢١٥﴾

GESCHICHTE 9

Mariams Fahrrad

Mariam trug zwei große Einkaufstaschen. Sie klingelte am Haus ihrer Cousins.

Klingeling!

Der achtjährige Youssef spähte hinaus, bevor er die Tür öffnete. „Assalamu Alaikum, Mariam."

„Wa Alaikum Assalam, Youssef. Ist Sara hier?"

„Ja, ich hole sie." Youssef rief seiner fünfjährigen Schwester zu: „Saaaaaaara, Mariam ist da."

Sara lief zur Tür. „Hi, Mariam."

Mariam zeigte Sara die Taschen. „Sieh mal, was ich für dich mitgebracht habe!"

„Ah! Lass uns alles in meinem Zimmer durchgehen", sagte Sara.

Stück für Stück holte Mariam ihre Sommersachen vom letzten Jahr hervor. „Dieses Shirt mit den Wildblumen habe ich gerne getragen. Oh, und schau dir mal diesen Rock an."

Sara probierte die Kleidung an. „Das ist super!" Sie wühlte sich durch die restlichen Kleidungsstücke und behielt alles, was ihre ältere Cousine Mariam mitgebracht hatte. „Danke, Mariam. Ich habe wirklich ein paar Sommerkleider gebraucht."

Youssef kam an die Tür. „Hey Mariam, du weißt doch, dass ich zum Geburtstag ein Fahrrad bekommen habe. Mein altes Fahrrad ist immer noch zu groß für Sara, also hat Papa gesagt, dass ich es dir schenken könnte. Willst du es haben?"

Mariam sprang auf. „Das rote Fahrrad? Mit den Griffbremsen? Und den vielen Gängen? Das wäre super!"

„Perfekt. Du kannst damit ja nach Hause fahren!", sagte Youssef. „Wenn du dann irgendwann zu groß dafür bist, kannst du es vielleicht Sara geben."

Mariam konnte nicht aufhören zu lächeln. „Klar!"

***

Am nächsten Tag in der Schule hatte Mariams erste Klasse gerade Pause, als Saras Kindergartenklasse vorbeikam.

„Assalamu Alaikum, Mariam." Sara winkte wild. „Schau mal, ich habe mein Wildblumenshirt an." Sie zeigte darauf und lächelte.

Mariam rannte herüber zu Sara und klatschte sie ab. „Du trägst mein altes Shirt!", sagte sie laut. „Habe ich nicht einen guten Geschmack?" Sie schaute sich in Saras Klasse um. „Sara trägt all meine alten Klamotten."

Sara wurde rot. Als ihre Klassenkameraden kicherten, verzog sich ihr Lächeln zu einem Stirnrunzeln. Sie machte sich schnell auf, um zurück in den Unterricht zu gehen.

Nach der Schule schloss Mariam das rote Fahrrad auf, das mit den Griffbremsen und der tollen Gangschaltung, als ein Junge aus der dritten Klasse auf sie zukam.

Er war viel größer als Miriam. „Hey! Was machst du da mit Youssefs Fahrrad?" Der Junge verschränkte die Arme und starrte sie misstrauisch an.

Youssef stellte sich zwischen die beiden. „Hey, hör auf meine Cousine anzumachen. Das ist jetzt ihr Fahrrad. Ich bin früher damit gefahren."

Der Junge sah verwirrt aus. „Mann, bist du echt mit einem Mädchenfahrrad gefahren?" Er lachte.

„Es ist ein Fahrrad." Youssef trat näher an den Jungen heran. „Und jetzt gehört es Mariam. Das macht es wohl zu einem Mädchenfahrrad. Was macht das schon?"

Der Drittklässler wich zurück. „Nichts, Mann. Ist schon in Ordnung."

Als der Junge außer Hörweite war, sagte Mariam: „Danke, Youssef. Aber warum hast du ihm nicht einfach gesagt, dass ich mit *deinem* Fahrrad fahre?"

„Es *war* mein Fahrrad. Jetzt gehört es dir", sagte Youssef. „Allah will, dass wir geben und großzügig sind, aber nicht, um uns selbst in ein gutes Licht zu rücken oder dass andere sich deswegen schlecht fühlen."

Mariams Herz sank. „Ich muss Sara finden."

Sie rannte über den Schulhof und suchte ihre kleine Cousine.

Sara ging in Deckung, um sich vor Mariam zu verstecken, aber diese hatte sie schon gesehen.

Mariam kniete sich neben sie. „Es tut mir leid, dass ich dich vorhin in Verlegenheit gebracht habe", flüsterte sie. „Es ist *dein* Hemd. Und es steht *dir* gut."

Sara lächelte. Die Mädchen drückten sich die Hände.

„Danke", sagte Sara. „Wollen wir zusammen nach Hause gehen?"

„Klar. Lass mich nur schnell mein Fahrrad holen."

Allah mag es, wenn wir teilen und nichts verschwenden, und es ist wichtig, dass wir dies mit Demut tun. Wenn wir etwas im Überfluss haben, sollten wir etwas davon an unsere Familie oder an Bedürftige abgeben, ohne nach Anerkennung oder Lob zu suchen.

ERNÄHRE DIE BEDÜRFTIGEN

(8) und sie geben - obwohl man sie liebt - Speise zu essen einem Armen, einer Waisen und einem Gefangenen: (9) "Wir speisen euch nur um Allahs Angesicht willen. Wir wollen von euch weder Belohnung noch Dank.

Al-Insan (Der Mensch) 76.8-9

وَيُطْعِمُونَ الطَّعَامَ عَلَىٰ حُبِّهِ مِسْكِينًا وَيَتِيمًا وَأَسِيرًا ۝ إِنَّمَا نُطْعِمُكُمْ لِوَجْهِ اللَّهِ لَا نُرِيدُ مِنْكُمْ جَزَاءً وَلَا شُكُورًا ۝

GESCHICHTE 10

Leo

„Assalamu Alaikum, Mama."

„Wa Alaikum Assalam, Ahmad. Wie war die Schule?"

„Gut, danke." Ahmad stellte seine Brotdose auf den Tresen. „Kann ich ein Sandwich haben? Und einen Apfel? Und vielleicht ein paar Chips?"

Mama musterte Ahmad. „Du hast aber einen Hunger! Hast du dein Pausenbrot in der Schule gegessen?"

Ahmad öffnete seine Brotdose. „Leer."

„Du wächst wohl gerade", sagte Mama. „Ich hole die Putenbrust und den Käse. Du schnappst dir das Brot."

Ahmad aß sein Sandwich bis auf den letzten Bissen auf. „Danke, Mama. Ich mache jetzt meine Hausaufgaben."

Eine Woche lang hatte Ahmad jeden Tag eine leere Brotdose, hatte nach der Schule aber trotzdem immer einen Bärenhunger.

„Ahmad, ich packe dir große, gesunde Pausenbrote für die Schule ein. Wirfst du sie etwa weg? Oder stiehlt dir jemand dein Essen?"

Ahmad ließ den Kopf hängen. „Nein, so ist das nicht."

Mama räusperte sich. „Ich habe irgendwie das Gefühl, dass du dein Pausenbrot für die Schule nicht isst. Sag mir bitte die Wahrheit."

Ahmad schaute seiner Mama in die Augen. „Es tut mir leid." Er wischte sich eine Träne weg.

„Was denn, Schatz? Was ist passiert?"

„Am Montag spielte ein Junge auf dem Weg zur Schule an dem verlassenen Haus in der Bäckerstraße. Du weißt schon, das Haus mit dem eingestürzten Dach und den zerbrochenen Fenstern?" Ahmad hielt inne, bis Mama nickte. „Er fragte mich, ob ich etwas zu essen hätte, also gab ich ihm die Hälfte meines Sandwiches. Er hat es so schnell gegessen. Ich dachte, er muss ausgehungert gewesen sein. Also habe ich ihm danach einfach noch den Rest meines Pausenbrots gegeben."

„Das ist sehr nett, Ahmad, aber du musst auch selbst etwas essen", sagte Mama.

„Sein Name ist Leo. Er lebt allein in diesem alten Haus", sagte Ahmad, „aber er lächelt, wenn er mich sieht. Ich gebe ihm gerne mein Pausenbrot."

„Es macht uns Freude, den Bedürftigen zu helfen. Allem voran, wenn wir es aus Liebe zu Allah tun und nicht, um selbst etwas dafür zu bekommen", sagte Mama. „Was wird Leo morgen – am Samstag – essen, wenn du ihm kein Pausenbrot bringst?"

„Ich weiß es nicht", sagte Ahmad. „Vielleicht nichts."

„Dann werden wir morgen mit Leo zu Mittag essen, InshaAllah", sagte Mama.

***

Am Samstagmorgen brachten Ahmad und seine Mutter ein wenig gesundes Essen zur Bäckerstraße.

„Leo?", rief Ahmad.

Ein dünner Junge, etwa in Ahmads Alter, kam nach draußen und schüttelte den Kopf. „Kein Erwachsener darf wissen, dass ich hier wohne! Sie wird mir die Polizei auf den Hals hetzen!"

„Ich will helfen", sagte Ahmads Mutter. „Ich werde die Polizei nicht rufen."

Ahmad hielt Leo eine Tüte hin. „Wir haben dir etwas zu essen mitgebracht."

Leo trat näher und nahm das Essen heraus. „Danke", sagte er und rannte zurück ins Haus.

Am Sonntag brachten sie Leo wieder etwas zu essen mit. Leo war dieses Mal entspannter, obwohl Ahmads Mama mit dabei war.

„Wo sind deine Eltern?", fragte Mama.

„Meinen Vater kenne ich nicht", sagte Leo zwischen zwei Bissen seines Sandwichs. „Meine Mutter sagte, ich mache ihr nur *Ärger*, also hat sie mich rausgeschmissen."

Jeden Schultag packte Ahmads Mutter ein Pausenbrot für Ahmad und ein Pausenbrot für Leo ein. Am nächsten Samstag gingen sie wieder gemeinsam los, um Leo etwas zu essen zu bringen. Dieses Mal parkte vor dem alten Haus jedoch ein Auto.

Leo rannte lächelnd hinaus. „Ich ziehe ab heute ins Freudenthal-Kinderheim! Sie haben mich heute Morgen mal zu einem Besuch mitgenommen. Jedes Kind hat dort sein eigenes Bett, und die Erwachsenen kümmern sich um sie. Sie essen sogar gemeinsam, wie eine richtige Familie." Leo hielt eine kleine Mülltüte hoch. „Ich hole nur noch schnell meine Sachen."

„Ich freue mich für dich, Leo", sagte Ahmad. „Die Kinder aus Freudenthal gehen auf meine Schule. Vielleicht sehe ich dich dort bald wieder?"

„Das wäre schön!" Leo stieg ins Auto ein. „Danke, Ahmad." Er winkte, als sie wegfuhren.

Ahmad zuckte mit den Schultern. „Woher wussten sie, dass Leo hier wohnt?"

„Nun, *vielleicht* habe ich ihnen einen Tipp gegeben", sagte seine Mutter.

„Mama! Du hast doch gesagt ...!"

„Ich habe *nicht* die Polizei gerufen! Ich habe bei der Stadt angerufen und gefragt, welche Dienste es für so einen Fall gibt. Ich habe ich ihnen erst Leos Namen und Wohnort verraten, als ich mir sicher war, dass sie ihm helfen würden."

„Alhamdulillah", sagte Ahmad. „Und danke, Mama, dass du mir geholfen hast, einem Bedürftigen Essen zu geben."

Allah möchte, dass wir anderen helfen, die nicht genug haben. Er hat uns viele Segnungen gegeben, zu denen auch unser Essen zählt. Wir sollten das, was wir haben, mit anderen teilen, die es vielleicht mehr brauchen als wir. Es ist wichtig, freundlich zu sein und anderen zu helfen.

STELL KEINE VERMUTUNGEN AN

(12) O die ihr glaubt, meidet viel von den Mutmaßungen; gewiß, manche Mutmaßung ist Sünde. Und sucht nicht (andere) auszukundschaften und führt nicht üble Nachrede übereinander (...)

Al-Hujurat (Die Wohnunge) 49.12

يَا أَيُّهَا الَّذِينَ آمَنُوا اجْتَنِبُوا كَثِيرًا مِنَ الظَّنِّ إِنَّ بَعْضَ الظَّنِّ إِثْمٌ ۖ وَلَا تَجَسَّسُوا وَلَا يَغْتَب بَّعْضُكُم بَعْضًا (...) ﴿١٢﴾

GESCHICHTE 11

Du bist eine gute Freundin, Samira

Samira eilte mit ihrem Essenstablett zu ihren Freundinnen, um sich zu ihnen zu setzen. Lily und Jessica rutschten zur Seite, um Platz auf der Bank zu machen.

„Warum sitzt Layla denn da drüben?", fragte Samira. „So ganz allein?"

Lily lachte. „Sie ist wahrscheinlich zu cool für uns!"

„Layla!", rief Samira. „Komm, setz dich mit zu uns!"

Layla schüttelte den Kopf und schaute dann schnell auf ihr Mittagessen hinunter.

Jessica flüsterte: „Sie ist bestimmt sauer auf uns!"

„Ja, ist sie!", sagte Samira. „Was wir wohl gemacht haben?"

Lily kicherte. „Vielleicht sind *wir* ja zu cool für *sie*!"

***

In der zweiten Pause saß Layla wieder allein auf einer Bank. Fatima ging zu Samira, Lily und Jessica und spielte mit ihnen Fangen. Alle sprachen über Layla.

„Was ist mit Layla nur los?", fragte Fatima.

„Sie ist sauer auf uns."

„Sie will nicht mit uns befreundet sein!"

„Sie ist zu cool, um mit uns zu spielen!"

Malak lief zu den Mädchen herüber. „Darf ich auch mitspielen?"

Jessica tippte Malak auf die Schulter. „Du bist!"

Alle rannten davon.

Malak fing also das einzige Mädchen, das nicht weggelaufen war – Layla. „Du bist!"

Layla blieb jedoch einfach still sitzen. „Ich spiele nicht mit", sagte sie leise.

„Aber du spielst doch sonst immer ..."

Lily rannte zu den beiden und rief: „Sie ist zu cool für uns!"

„Wir sind nicht mehr mit Layla befreundet", sagte Jessica.

Als Malak sich aufmachte, den anderen Mädchen hinterherzulaufen, rief Samira: „Moment! Auszeit. Kommt mal alle her."

Die Gruppe versammelte sich um Samira.

„Layla ist doch unsere Freundin", sagte Samira. „Wir sollten nicht so über sie reden."

Lily ärgerte sich. „Sie meidet uns schon den ganzen Tag."

Jessica nickte. „Mir gefällt diese Einstellung nicht."

Samira schüttelte den Kopf. „Hat sie jemand gefragt, was los ist?"

Fatima sagte: „Sie ist doch *deine* beste Freundin. *Du* solltest mit ihr reden."

In diesem Moment läutete die Schulglocke. Es war Zeit für den Unterricht.

Samira rannte los, um Layla einzuholen, die sich schon auf den Weg ins Klassenzimmer gemacht hatte. „Layla, warte!"

Layla wurde nicht langsamer. „Ich muss zum Unterricht."

Samira beschleunigte ihren Schritt, um mit Layla mitzuhalten. „Du sitzt immer bei mir und wir spielen zusammen. Sind wir noch Freundinnen?"

Layla lächelte müde. „Ja, sind wir. Beste Freundinnen."

„Bist du sauer auf mich?"

„Nein. Ich wollte heute nur allein sein."

Samira schlug einen ernsten Ton an. „Ist alles okay bei dir?"

„Ja." Layla verlangsamte ihren Schritt. „Naja, eigentlich nicht." Sie wischte sich eine Träne weg.

„Mein Papa hat Krebs", sagte Layla und fing an zu weinen. „Die Ärzte geben ihm eine Chemotherapie, also starke Medikamente, um den Krebs zu bekämpfen. Nur durch die Medikamente fühlt sich Papa noch kränker."

„Das tut mir so leid", sagte Samira, während sie Layla zum Unterricht begleitete.

„Ich mache mir so große Sorgen um ihn", sagte Layla. „Gestern ist er nicht einmal aus dem Bett gekommen. Er war unglaublich schwach und hatte Schmerzen."

Samira umarmte Layla. „Es tut mir so leid. Ich dachte, du wolltest nichts mehr mit uns zu tun haben. Danke, dass du mir von deinem Papa erzählt hast. Ich werde für ihn beten."

„Danka. InshaAllah wird es ihm heute besser gehen, und in ein paar Monaten wird der Krebs verschwunden sein."

***

Am nächsten Tag beim Mittagessen wollte Samira sich gerade zu Lily setzen, als sie plötzlich innehielt und kehrtmachte. „Ich werde mit Layla reden."

Lily lachte. „Hä, warum? Wenn sie reden wollte, würde sie *hier* bei uns sitzen!"

„Sie ist zu cool für uns", sagte Jessica zwischen zwei Bissen. „Das hatten wir doch gestern schon."

Samira schüttelte den Kopf. „Bei ihr zu Hause ist es gerade sehr schwierig. Wir sollten sie besser unterstützen, anstatt Vermutungen anzustellen und hinter ihrem Rücken über sie zu reden." Sie ging durch den Speisesaal zu Layla.

„Wie geht es deinem Vater?", fragte Samira, als sie auf ihre Freundin zuging.

„Heute geht es ein bisschen besser, Alhamdulillah."

„Möchtest du lieber allein sein?"

Layla zuckte mit den Schultern. „Ehrlich gesagt habe ich gerade wirklich keine Lust zu quatschen …"

Samira stellte ihr Essenstablett ab. „Egal, dann setze ich mich eben einfach nur neben dich."

Layla lächelte müde. „Du bist eine gute Freundin, Samira."

Allah sagt uns, dass wir keine Vermutungen anstellen sollen. Wenn wir etwas Schlechtes über jemanden hören oder denken, sollten wir aufmerksam sein und die betroffene Person direkt fragen, bevor wir das Schlimmste vermuten.

KONTROLLIERE DEINE WUT UND VERGIB

(134) die in Freude und Leid ausgeben und ihren Grimm zurückhalten und den Menschen verzeihen. Und Allah liebt die Gutes Tuenden

Ali 'Imran (Das Haus Ìmráns) 3.134

الَّذِينَ يُنْفِقُونَ فِي السَّرَّاءِ وَالضَّرَّاءِ وَالْكَاظِمِينَ الْغَيْظَ وَالْعَافِينَ عَنِ النَّاسِ وَاللَّهُ يُحِبُّ الْمُحْسِنِينَ ۝

GESCHICHTE 12

Ramis Anzug

Rami löffelte Zucker in seinen Lieblingsbecher und verrührte ihn, bevor er an seinem Pfefferminztee nippte. *„Mist!* Da war *Salz* in der Zuckerdose!" Er verzog sein Gesicht.

„Haha, erwischt!", lachte sein Bruder Ali laut und ahmte Ramis angewiderten Blick nach.

Rami schüttelte den Kopf. *„Igitt!* Das war ganz schön viel Salz." Aber er konnte sich ein kleines Lächeln nicht verkneifen.

Ali rannte zur Tür heraus. „Lass uns zum Bus um die Wette laufen!"

„Ich komme gleich." Rami rannte jedoch nicht los. Er schüttete seinen Salztee in der Spüle aus und verließ das Haus.

Als Rami an der Straßenecke ankam, weinte Ali. „Rami, der Bus ist weggefahren! Wir haben ihn verpasst!"

Einen Moment lang geriet Rami in Panik. *Schaffen wir es, pünktlich in die Schule kommen, wenn wir laufen müssen?*

„Moment mal!", sagte er. „Ist das wieder ein Scherz?"

Ali lachte. „Ausgetrickst! Mann, du hättest dein Gesicht sehen sollen!"

Rami seufzte. „Ich habe deine Witze langsam satt. Warum nimmst du nicht mal jemand anderen auf den Arm?"

„Weil ich dich soooooooo lieb habe!", sagte Ali.

Rami lachte. *„So* behandelst du also Leute, die du lieb hast?" Er stupste seinen kleinen Bruder spielerisch in die Rippen. „Hey, vergiss nicht, dass wir nach der Schule zu Tante Khadijas Hochzeit fahren."

Rami freute sich schon auf die Hochzeit. Tante Khadija hatte ihn gebeten, eine besondere Passage für die Hochzeitszeremonie zu lesen. Rami bekam einen neuen Anzug und hatte die Passage schon so oft geübt, dass er sie bereits auswendig konnte.

***

Sie kamen früh zur Hochzeit, damit Rami sehen konnte, wo er beim Lesen seines Texts stehen würde. Dann gingen sie los, um ihre Großeltern, Tanten, Onkel und Cousins zu begrüßen. Alle waren schick angezogen und freuten sich, einander zu sehen.

Rami schüttelte einem gleichaltrigen Cousin die Hand. Er benutzte scherzhaft einen förmlichen Tonfall, als er einen Ausdruck wiederholte, den er einmal im Fernsehen gehört hatte: „Adam, mein Guter, Sie haben sich ja ganz schön in Schale geworfen."

Die Jungs lachten.

Adam zog an seiner Krawatte. „Ich bin echt froh, dass ich nicht jeden Tag einen Anzug tragen muss!"

„Ich fühle mich so erwachsen", sagte Rami.

Ein Kellner hielt neben ihnen an. „Möchtet ihr vielleicht ein frisches Glas Saft?", fragte er.

Alles fühlte sich so elegant an.

„Ja, danke." Rami griff nach einem Glas.

Ali stürmte zwischen Adam, Rami und den Kellner. „Lasst mich das für euch übernehmen!" Lachend schnappte sich Ali zwei Gläser.

Plötzlich geriet das Tablett aus dem Gleichgewicht und rutschte dem Kellner leicht aus der Hand, wobei ein volles Glas Orangensaft umkippte. Als das Glas auf den Boden fiel, spritzte der Orangensaft auf Ramis neuen Anzug.

Ein Raunen hallte durch den Saal.

Rami wurde rot und stieß einen langsamen Seufzer aus. Er sagte kein Wort.

Rami und Alis Vater eilte herbei. „Ali! Was sollte das denn?"

Ali sah auf den Boden. „Ich habe nur gescherzt."

Papa schüttelte den Kopf. „Das war aber *nicht* lustig! Die Hochzeit beginnt in zwanzig Minuten, und Rami hat Saft auf seinem Anzug. Das wird Konsequenzen für dich habe, wenn wir—"

„Papa", unterbrach Rami ihn, „Ich muss mir einen Anzug leihen!" Er wandte sich an Adam. „Du wohnst doch hier in der Nähe. Hast du nicht irgendetwas, das ich anziehen kann?"

„Äh … Ja. Vielleicht passt dir mein Anzug von meiner Schulaufführung?"

„Dann los!" sagte Rami.

Papa, Rami und Adam eilten zu Adams Haus, damit Ramis sich umziehen konnte.

„Er ist ein bisschen eng", sagte Rami und schaute in den Spiegel.

Adam zog sein Sakko aus. „Hier, du trägst mein neues Sakko und ich das hier. Ich stehe an der Hochzeit schließlich nicht vor versammelter Mannschaft wie du."

Die Jungs tauschten ihre Sakkos.

„Danke, Adam. Ich weiß das echt zu schätzen", sagte Rami zu ihm.

Als sie zur Hochzeit zurückkamen, waren die Türen bereits geschlossen und die Musik hatte begonnen.

„Da sind meine Neffen! Assalamu Alaikum." Es war Tante Khadija. Sie war gekleidet wie eine Schneeprinzessin und wartete darauf, die Hochzeitszeremonie zu beginnen. „Rami, bist du bereit für die Lesung?"

„Ja, bin ich", sagte Rami.

„Super." Tante Khadija wandte sich an den Hochzeitskoordinator. „Sobald meine Neffen Platz genommen haben, können wir anfangen."

Die Hochzeit war wunderschön, und jeder freute sich für das neue Paar.

Rami stand vor seiner Familie und las:

Eine muslimische Hochzeit ist eine Vereinigung zweier Herzen.

Ihr Band der Liebe ist ein Symbol des Glaubens, der Hingabe und des Vertrauens.

Sie versprechen, einander zu lieben, zu verzeihen und zu unterstützen,

ob in Zeiten der Freude oder der Not.

Möge Allah diese Verbindung mit Frieden segnen,

und das Paar auf seinem gemeinsamen Lebensweg führen.

Das Paar, das sich die Hände reicht, schwört sich die Treue.

Auf dass ihre Liebe so hell leuchte wie eine strahlende Flamme.

***

Nach der Hochzeit saßen die Jungs mit ihren Familien an einem großen Tisch.

Ali stand auf und ergriff das Wort: „Bevor wir essen, wollte ich noch sagen, dass mir das mit dem verschütteten Saft leidtut. Ich wollte lustig sein, aber wegen mir wärst du fast zu spät zur Hochzeit gekommen."

„Ich *bin* zu spät zur Hochzeit gekommen wegen dir! Tante Khadija musste alle auf mich warten lassen", sagte Rami lachend.

Papa nickte. „Rami, ich habe mich ehrlich gesagt gewundert, dass du so ruhig geblieben bist, als der Saft auf deinen Anzug kam. Warst du nicht wütend?"

„Ich war *total* wütend! Aber Allah liebt es, wenn wir unsere Wut kontrollieren und anderen vergeben, also bin ich ruhig geblieben. Mein einziger Gedanke in dem Moment war: Wie kann ich eine Lösung für diese Sauerei finden?"

„Bist du immer noch sauer auf deinen Bruder?", fragte Papa.

„Das würde doch nichts bringen. Ich weiß, dass Ali mir Streiche spielt, weil er mich lieb hat, also verzeihe ich ihm."

„Ich hab' dich wirklich lieb, Bruder!", sagte Ali. „Und da du meine Streiche auch lieb hast, werde ich mir immer wieder neue für dich ausdenken, Inshallah!"

Rami lachte. „Aber nächstes Mal bitte nicht, wenn ich einen neuen Anzug anhabe!"

Allah liebt es, wenn wir unsere Wut kontrollieren und anderen vergeben können. Es ist in Ordnung, manchmal wütend zu sein, aber es ist auch wichtig, dass wir unsere Wut unter Kontrolle halten. Lass uns versuchen, ruhig zu bleiben und keinen Groll gegen andere zu hegen.

VERBREITE
KEINEN TRATSCH

(10) Und gehorche keinem verächtlichen Schwörer (11) Stichler und Verbreiter von Verleumdungen, (12) Verweigerer des Guten, der Übertretungen begeht und ein Sünder ist,

Al-Qalam (Der Stift) 68.10-12

وَلَا تُطِعْ كُلَّ حَلَّافٍ مَهِينٍ ۝ هَمَّازٍ مَشَّاءٍ بِنَمِيمٍ ۝ مَنَّاعٍ لِلْخَيْرِ مُعْتَدٍ أَثِيمٍ ۝

GESCHICHTE 13

Mohammeds Kunst

Herr Sander zeigte dem Kreativclub für aufstrebende junge Künstler eine neue Technik mit Aquarellfarben. Sie malten Motive mit klarem Wasser und ließen dann Farbe in das Motiv tropfen, um einen Wirbeleffekt zu erzielen.

Omar hatte seinen Namen in Kursivschrift geschrieben und die Buchstaben dann mit grünen und blauen Farbtropfen gefüllt. Die Farben wirbelten durcheinander und gaben den Buchstaben grüne, blaue und türkise Streifen.

„Das gefällt mir", sagte Mohammed. „Schade, dass mein Name so lang ist. Das Wasser würde trocknen, bevor ich die Farben reintropfen kann." Er lachte über sein Problem. „Wie findest du mein Bild?"

Die ganze Klasse betrachtete Mohammeds Arbeit.

„MashaAllah!", sagte sein Freund Rami.

„Das ist ja toll!", sagte ein Mädchen.

„Mohammed, das ist wirklich cool", fügte Herr Sander hinzu.

Mohammed hatte eine nächtliche Stadtsilhouette mit schwarzen und grauen Wirbeln gemalt. Darüber waren eine blaue und rote Mondsichel und ein goldener Stern zu sehen. Blau und Rot gingen so geschmeidig in Lila über, dass sein Bild wie professionelle Kunst aussah.

„Danke, Leute", sagte Mohammed und lächelte. Dann seufzte er. „Ich habe aber leider eine schlechte Nachricht. Nach nächster Woche werde ich den Kreativclub verlassen."

„Nein!", hallte es durch den Raum.

„Das ist aber schade!"

„Aber du bist doch so gut in Kunst!"

Omar beobachtete die Reaktion der Leute auf Mohammeds Ankündigung. Er hatte einen Scheinwerfer gemalt, der auf die Gestalt eines Clowns gerichtet war. Er hatte wilde Farbmischungen hinzugefügt und schwarze Tinte benutzt, um eine winzige Ameise hinzuzufügen, die der Clown auf seiner Bühne nicht bemerkte.

Rami beugte sich vor. „Das ist ja cool. Bist du der Clown oder die Ameise?"

„Es ist nur ein Bild", antwortete Omar.

„Wir sollten Mohammed helfen, im Kreativclub zu bleiben", sagte Rami.

„Er *will* aber nicht bleiben", entgegnete Omar. „Er hat vielleicht keine Lust mehr auf den Kreativclub."

Rami schüttelte den Kopf. „Aber Mohammed ist so kreativ."

„Das ist es ja gerade", fuhr Omar fort. „Er weiß bereits alles, was wir hier lernen. Es ist keine Herausforderung für ihn."

„Vielleicht geht es ums Geld", sagte ein anderer Junge.

Omar spottete. „Mohammeds Vater hat einen guten Job. Sie können sich das doch locker leisten. Es ist ja nicht *so* teuer."

Inzwischen redeten alle über Mohammed.

„Er will einfach nicht hier sein."

„Er geht in einen anderen Kunstverein."

„Wir brauchen sein Talent für den nächsten Wandmalereitag!"

„Er wird an der Hochschule einen Kunstkurs belegen."

„Ich werde selbst mal mit Mohammed reden", sagte Rami. „Sonst entstehen nur zu viele Gerüchte."

Omar und ein paar andere Schüler schlossen sich Rami an und fanden Mohammed auf dem Nachhauseweg.

„Mohammed!", rief Rami. „Warum willst du nicht mehr im Kreativclub sein?"

„Ich will doch!", sagte Mohammed.

„Aber warum hörst du dann auf?"

Mohammed senkte seinen Blick. „Wir haben im Moment einfach nicht das Geld."

Omar lachte. „Ach, komm! Deine Mutter hat diesen Sommer doch ein neues Auto bekommen."

Mohammed nickte. „Wir müssen das Auto verkaufen. Und vielleicht auch unser Haus. Mein Vater hat hohe

Arztrechnungen, und wir müssen eine Zeit lang auf Extras verzichten."

Als Omar ein *„Zu verkaufen"*-Schild in Mohammeds Garten sah, ließ er beschämt den Kopf hängen. „Es tut mir leid." Er wurde rot. „Ich habe das Gerücht in die Welt gesetzt, dass du nicht im Kreativclub sein willst, weil ich neidisch auf deine Arbeit war."

„Auf mich brauchst du nicht neidisch sein!" sagte Mohammed. „Ich bringe dir gerne alles bei, was ich weiß!"

„Du bist ein echt guter Freund", sagte Omar, „und deshalb werden wir, InshaAllah, einen Weg finden, dass du im Kreativclub bleiben kannst."

***

Am nächsten Tag machte Omar eine Ankündigung. „Mit Mohammeds Erlaubnis haben wir eine Spendenaktion für seine Familie ins Leben gerufen. Bittet all eure Freunde und Verwandten, zu spenden."

Er verteilte ein Flugblatt mit Mohammeds Stadtsilhouettenbild und der Website für die Spendenaktion.

Rami fügte hinzu: „Ich habe mit dem Schulsekretariat gesprochen, und jedes außerschulische Programm kann ein Stipendium für einen Schüler anbieten, der dann kostenlos teilnehmen kann. Herr Sander muss dafür nur ein Formular ausfüllen. Meint ihr, wir können Mohammed das Stipendium für den Kreativclub geben?"

„Ja!", rief die Gruppe und auch Herr Sander nickte.

„Toll!", meinte Omar. „Dann hören wir ab sofort auf mit dem Getratsche. Ein Club arbeitet schließlich zusammen. Lasst uns Kunst machen!"

Allah mag es nicht, wenn getratscht wird. Es ist wichtig, vorsichtig zu sein, wenn du Nachrichten oder Informationen weitergibst, von denen du nicht sicher bist, ob sie wahr sind.

UNTERSTELLE ANDEREN NUR DAS BESTE

(12) Hätten doch, als ihr es hörtet, die gläubigen Männer und Frauen eine gute Meinung voneinander gehabt und gesagt: "Das ist deutlich eine ungeheuerliche Lüge!"

An-Nur (Das Licht) 24.12

لَوْلَا إِذْ سَمِعْتُمُوهُ ظَنَّ الْمُؤْمِنُونَ وَالْمُؤْمِنَاتُ بِأَنْفُسِهِمْ خَيْرًا وَقَالُوا هَـٰذَا إِفْكٌ مُبِينٌ ﴿١٣﴾

GESCHICHTE 14

Ahmads Handy

Am frühen Montagmorgen schauten Youssef und Michi angestrengt über Ahmads Schulter auf einen kleinen Bildschirm.

„Du hast so ein Glück!", sagte Youssef. „Meine Eltern erlauben mir kein Handy, bevor ich zwölf bin."

Ahmad lächelte. „Das haben meine Eltern auch gesagt, aber mein Vater hat ein neues Handy bekommen und dann sein altes mir gegeben."

Michi stupste Ahmad in die Rippen. „Ich wette, du bekommst es noch vor Ende der Woche abgenommen."

Ahmad zuckte mit den Schultern. „Den Lehrern ist es egal, solange wir unsere Handys *vor* der Schule benutzen."

Ein neuer Junge lief zu der Gruppe hinüber. „Hey Ahmad, ich bin's, Leo!"

„Leo! Gehst du hier zur Schule?"

„Ja, heute ist mein erster Tag. Ich habe gerade meine Lehrerin kennengelernt, Frau Matthes."

Ahmad stand auf. „Jungs, Youssef, Michi, das ist Leo. Wir, ähm ... naja, wir haben uns in meiner Nachbarschaft kennengelernt und dachten, er könnte hier zur Schule gehen."

Leo lächelte. „Ich hab's geschafft! Früher hatte ich kein Zuhause. Ich musste stehlen, um essen zu können, aber jetzt lebe ich im Freudenthal-Kinderheim und gehe mit euch zur Schule!"

Youssef stand auf, um Leos Hand zu schütteln. „Ich bin mit dir in der Klasse von Frau Matthes."

Die Glocke läutete zum Schulbeginn.

„Zeit zu gehen!", sagte Leo.

Michi flüsterte Ahmad zu: „Der hat ja ganz schön Lust auf Schule ..."

„Er hat eine harte Vergangenheit hinter sich", sagte Ahmad. „Er ist froh, dass er einmal an einem schönen Ort ist."

Youssef hob eine Augenbraue. „Eine *harte* Vergangenheit?"

Leo hatte mitgehört. „Meine Mama war ein schlechtes Vorbild, deshalb habe ich viele Fehler gemacht. Aber jetzt versuche ich, gut zu sein!"

„Michi und ich sind in der Klasse von Frau Gonzales", sagte Ahmad, „neben der Klasse von Frau Matthes. Wir sehen uns dann in der Pause."

Als er das Klassenzimmer betrat, tastete Ahmad seine Hosentasche ab. „Oh nein! Mein Handy!"

Michi nickte in Richtung Frau Gonzales. „Sie wird dich nie gehen lassen, um es zu holen."

„Ich hoffe, es ist in der Pause noch da", sagte Ahmad.

***

Eine Stunde später, als die Pausenglocke läutete, räumte Ahmad seine Mathesachen auf und rannte dann in den Gemeinschaftsraum, um sein Handy zu suchen. Leo saß an der Stelle, wo er es zuletzt gesehen hatte.

„Leo, hast du mein Handy gesehen? Ich hatte es heute morgen noch hier."

„Nein, leider nicht." Leo stand auf, um nachzusehen. Auch Youssef und Michi halfen bei der Suche mit.

Nachdem die Jungs alles abgesucht hatten und das Handy eindeutig nicht mehr da war, wandte sich Youssef an Leo. „Du hast sein Handy eingesteckt, oder?"

„Was? Nein!" Leo schüttelte den Kopf.

„Du bist aus dem Klassenzimmer gestürmt, um vor uns in den Gemeinschaftsraum zu kommen", sagte Youssef.

Michi schnaufte. „Leo hat immer gestohlen, um zu essen. Er denkt bestimmt immer noch, er kann sich einfach alles nehmen, was er will."

Youssef ging auf Leo zu. „Du wolltest selber ein Handy und hast deshalb das von Ahmad gestohlen!"

„Stopp!" Ahmad hielt seine Hände hoch und wandte sich an Leo. „Leo, hast du mein Handy eingesteckt?"

Leo ballte die Hände zu Fäusten. „Ich habe dein blödes Handy nicht genommen!" Er stapfte davon.

„Er hat es gestohlen", sagte Youssef.

„Eindeutig schuldig", stimmte Michi zu.

„Ich bin mir nicht sicher", sagte Ahmad. „Lasst uns mal im Büro nachsehen."

***

„Jemand hat das hier gerade abgegeben", sagte die Direktorin und hielt Ahmads Handy hoch. „Ist das deins?"

Ahmad griff danach. „Ja, danke!"

Die Direktorin zog das Handy zurück. „Ahmad, du weißt, dass das Spielen mit deinem Handy in der Schule nicht erlaubt ist. Ich brauche einen Brief von deinen Eltern, in dem sie dir die Erlaubnis geben, dein Handy zurückzubekommen."

„Okay", antwortete Ahmad traurig. „Ich bringe den Brief morgen mit."

Die Jungen gingen langsam zurück in die Pause.

„Wir haben echt Mist gebaut", sagte Youssef.

„Mach dir nichts draus", sagte Ahmad zu ihm. „Mein Vater wird das Handy zurückhaben wollen und den Brief schon schreiben. InshaAllah wird er nicht allzu sauer auf mich sein."

„Das meine ich doch gar nicht", sagte Youssef. „Heute ist Leos erster Tag und wir haben gleich falsche Vermutungen über ihn angestellt. Er hat sich so gefreut, hier zu sein ... und uns fällt nichts Besseres ein, als ihn traurig zu machen."

„Du hast recht", sagte Ahmad. „Allah will, dass wir die Wahrheit suchen und keine Vermutungen anstellen."

Als die drei Jungs Leo fanden, ging Youssef als Erster auf ihn zu. „Leo, Mann, es tut mir echt leid. Wir hätten wissen sollen, dass du sowas nicht machen würdest."

Michi fügte hinzu: „Wir hätten dir nicht die Schuld geben sollen. Das war echt uncool von uns."

Ahmad stimmte zu. „Nächstes Mal werden wir nur vom Besten ausgehen."

Leo lächelte. „Danke, Leute."

Versuche immer, das Gute in anderen Menschen zu sehen. Wenn jemand etwas Schlechtes über einen anderen sagt oder Gerüchte oder Lügen verbreitet, sollten wir vorsichtig sein und ihm nicht gleich alles glauben.

SEI GASTFREUNDLICH

(24) Ist zu dir die Geschichte von den geehrten Gästen Ibrahims gekommen? (25) Als sie bei ihm eintraten und sagten: "Frieden!" Er sagte: "Friede! - Fremde Leute." (26) Er schlich sich zu seinen Angehörigen und brachte (zum Essen) dann ein ansehnliches Kalb her. (27) Er setzte es ihnen vor; er sagte: "Wollt ihr nicht essen?"

Adh-Dhariyat (Die Winde de) 51.24-27

هَلْ أَتَاكَ حَدِيثُ ضَيْفِ إِبْرَاهِيمَ الْمُكْرَمِينَ ۞ إِذْ دَخَلُوا عَلَيْهِ فَقَالُوا سَلَامًا قَالَ سَلَامٌ قَوْمٌ مُنْكَرُونَ ۞ فَرَاغَ إِلَى أَهْلِهِ فَجَاءَ بِعِجْلٍ سَمِينٍ ۞ فَقَرَّبَهُ إِلَيْهِمْ قَالَ أَلَا تَأْكُلُونَ ۞

GESCHICHTE 15

Die Einladung zum Ramadan

„Hey, Hamza, warum isst du nichts?" Lily setzte sich neben ihren Freund an den Mittagstisch.

„Ich faste heute. Oder zumindest versuche ich es!", sagte Hamza mit wehleidiger Stimme.

Lily hob eine Augenbraue. „Du fastest?"

„Aktuell ist der heilige Monat Ramadan. In diesem Monat essen Moslems auf der ganzen Welt von Sonnenaufgang bis Sonnenuntergang nichts. Kinder können das Fasten auch ausprobieren, um sich darauf vorzubereiten, wenn sie älter sind."

„Du isst also den ganzen Tag nichts?", fragte Tim erstaunt, der Hamza am Tisch gegenübersaß.

„Mit Gottes Hilfe schaffen wir Moslems das", sagte Hamza.

„Ihr müsst am Ende des Tages ausgehungert sein", meinte Lily.

„Das ist genau einer der Gründe, warum wir fasten!", sagte Hamza und lächelte. „Um zu verstehen, wie es ist, Hunger zu haben."

„Interessant", meinte Tim.

„Aber es gibt noch mehr Gründe, warum wir im Ramadan fasten", fuhr Hamza fort.

„Kannst du uns diese Gründe verraten?", fragte Lily. „Ich dachte immer, dass es im Ramadan nur darum geht, tagsüber nichts zu essen und sich abends wie verrückt den Bauch vollzuschlagen."

„Warum kommt ihr heute nicht zu uns zum Essen? Dann werde ich euch mehr über den Ramadan erzählen. Versprochen!"

„Das wäre echt cool. Ich komme gerne!", jubelte Lily.

„Ich auch! Ich bin sehr neugierig", meinte Tim.

„Kann ich auch mitkommen?", fragte Jessica, die ebenfalls in der Nähe saß.

Aufgeregt nickte Hamza und meinte: „Das wird so viel Spaß machen!" Dann hielt er jedoch inne. *Ich hätte meine Freunde nicht einladen sollen, ohne Mama vorher zu fragen.*

Hamza war den Rest des Nachmittags angespannt. Würde seine Mutter sich später ärgern? Hatte sie überhaupt genug Essen für alle?

Nach der Schule rannte Hamza nach Hause. „Mama! Es tut mir leid, aber ich habe heute aus Versehen meine Freunde zum Essen eingeladen, ohne dich zu fragen."

Mama sah Hamza leicht verwirrt an. „Wie kann man denn jemanden *aus Versehen* einladen?"

„Naja, ich war einfach aufgeregt. Sie haben sich für den Ramadan interessiert und ich habe sie dann, ohne nachzudenken, zum Essen eingeladen."

Mama legte liebevoll ihre Arme auf Hamzas Schultern. „Nächstes Mal solltest du mich zuerst fragen, aber ich weiß deine freundliche und einladende Haltung zu schätzen. Du erinnerst mich an den Propheten Ibrahim (FSAI) und wie er Fremde in seinem Zuhause willkommen hieß."

„Und ihnen zu essen gab!", fügte Hamza aufgeregt hinzu.

Mama nickte. „Wenn heute mehr Kinder zum Iftar kommen, könnt ihr mir ja alle helfen, das Essen vorzubereiten."

„Ich helfe gerne!", sagte Hamza. „Kannst du den Eltern von Tim, Lily und Jessica bitte noch unsere Adresse schreiben?"

Ohne weiter Zeit zu verlieren, begannen die beiden, das gebackene Hähnchen, die Falafel, zwei Salate und eine Suppe zuzubereiten. Tim kam als Erster und half, den Tisch zu decken. Als Lily eintraf, rührte sie die Suppe um, damit sich Hamzas Mutter um das Hähnchen kümmern konnte. Wenig später kam auch Jessica, die sich eifrig an den Vorbereitungen beteiligte.

Dank der guten Zusammenarbeit von allen war das Essen schnell fertig.

Danach setzten sie sich gemeinsam an den großen Tisch und warteten darauf, mit dem Essen anzufangen.

„Wir können schon die Freude und den Geist des Ramadan spüren", sagte Tim.

„Hört ihr diese schöne Stimme?", fragte Hamza. „Das ist der Adhan – der Ruf zum Gebet. Wir können jetzt essen."

Nachdem sie die Bismillah und das Iftar-Dua aufgesagt hatten, luden Mama und Papa alle ein, mit dem Essen zu beginnen.

„Wie ihr sehen könnt, haben wir Datteln und Gläser mit Wasser. Damit brechen wir unser Fasten. Das versorgt uns schnell mit Energie und spendet unserem Körper Feuchtigkeit", erklärte Hamza.

Nach dem Fastenbrechen füllten alle ihre Teller. Hamzas Freunde unterhielten sich, lachten und genossen den Geschmack der neuen Speisen.

Hamza freute sich und sagte: „Es ist echt schön, dass ihr alle hier seid!"

„Okay, Hamza, du hast in der Schule versprochen, uns mehr über den Ramadan zu erzählen", sagte Tim.

„Ja, stimmt. Der Ramadan ist eine Zeit, in der wir Gott näherkommen, dankbar für das sind, was wir haben, und denen helfen, die in Not sind, indem wir gute Taten vollbringen und Almosen geben – und, wie meine Eltern mir immer sagen, diese guten Gewohnheiten auch nach dem Ramadan beibehalten."

Mama und Papa sahen Hamza an und waren sichtlich stolz auf ihren Sohn.

„Zum Ramadan gehört aber noch mehr", sagte Hamzas Papa mit einem Lächeln. „Aber in eurem Alter reicht das fürs Erste."

Nachdem sie mit dem Essen fertig waren, lud Hamza seine Freunde in sein Zimmer ein. Er wollte ihnen seinen Tagesablauf während des Ramadans zeigen.

„Hier ist meine ruhige Ecke, die ich mit der Hilfe meiner Eltern eingerichtet habe. Hier benutze ich diesen Gebetsteppich, um jeden Tag zu beten." Hamza zeigte seinen Freunden, wie man betet und wie viele Niederwerfungen man bei jedem Gebet machen muss. „Und hier ist mein sehr wertvolles Buch, der Koran. Ich lese jeden Abend ein paar Verse, bevor ich schlafen gehe", fügte Hamza hinzu, bevor er ein Notizbuch in die Hand nahm. „Und hier ist mein Logbuch für den Monat. Darin schreibe ich alle meine guten Taten auf, wo ich wohltätig war und welche Duas und Passagen aus dem Koran ich während des Monats gelesen habe."

Alle Kinder interessierten sich für die erstaunlichen Dinge, die man im Ramadan tun kann. Sie waren beeindruckt von all den guten Taten und wohltätigen Dingen, die Hamza bisher vollbracht hatte und sich für die nächsten Tage noch vornahm. Sie waren dankbar, einen gutherzigen Freund wie Hamza zu haben.

***

Es war bereits Abend geworden und alle machten sich langsam auf, wieder nach Hause zu gehen.

„Das war eine tolle erste Erfahrung mit dem Ramadan. Vielen Dank", sagte Jessica.

„Ich habe eine Menge über den Ramadan gelernt", fügte Tim hinzu.

„Jetzt weiß ich, dass es nicht nur ums Essen geht", sagte Lily lächelnd.

Alle lachten.

Hamza grinste und fühlte sich geehrt, ein gastfreundlicher Moslem zu sein.

Allah möchte, dass wir gastfreundlich sind. Wenn jemand zu Besuch kommt, sollten wir ihn herzlich begrüßen, ihm etwas zu essen anbieten und dafür sorgen, dass er sich in unserem Haus wohlfühlt.

SEI ACHTUNGSVOLL, MACH DICH NICHT ÜBER ANDERE LUSTIG

(11) O die ihr glaubt, die einen sollen nicht über die anderen spotten, vielleicht sind eben diese besser als sie. Auch sollen nicht Frauen über andere Frauen (spotten), vielleicht sind eben diese besser als sie. Und beleidigt euch nicht gegenseitig durch Gesten und bewerft euch nicht gegenseitig mit (häßlichen) Beinamen. (...)

Al-Hujurat (Die Wohnunge) 49.11

يَا أَيُّهَا الَّذِينَ آمَنُوا لَا يَسْخَرْ قَوْمٌ مِنْ قَوْمٍ عَسَىٰ أَنْ يَكُونُوا خَيْرًا مِنْهُمْ وَلَا نِسَاءٌ مِنْ نِسَاءٍ عَسَىٰ أَنْ يَكُنَّ خَيْرًا مِنْهُنَّ ۖ وَلَا تَلْمِزُوا أَنْفُسَكُمْ وَلَا تَنَابَزُوا بِالْأَلْقَابِ (...) ﴿١١﴾

GESCHICHTE 16

Wendy

„Assalamu Alaikum."

„Wa Alaikum Assalam." Samira stellte ihren Rucksack auf den Küchenboden. „Hört mal her! Morgen kommt ein neues Mädchen in unsere Klasse, Wendy. Frau Hansen sagt, Wendy ist *Tau*!"

„Hmm?", fragte Samiras Mutter erstaunt.

„Ja, sie kann *nichts* hören! Sie benutzt Zeichensprache, um zu sprechen."

„Oh, Samira …" Mama schüttelte den Kopf. „Wendy ist nicht *Tau*, sie ist *taub*. Ein tauber Mensch hat keinen Hörsinn."

„Oh." Samira nickte. „Ja, das macht mehr Sinn." Sie nahm ihre Tasche in die Hand. „Können wir in die Bibliothek gehen und ein Buch über Zeichensprache holen? Ich will ihr meinen Namen sagen!"

„Das ist eine schöne Idee", sagte Mama und lächelte.

***

Am nächsten Tag übte Samira mit ihrem Buch während der Schulpause. „Hallo." Ein einfaches Winken. „Ich bin" – sie berührte ihr Herz – „S-A-M-I-R-A." Oh, ihren Namen mit den Fingern zu buchstabieren, war ein bisschen knifflig.

Als sie den Bogen raushatte, ging sie zu Wendy und sagte ihr in Zeichensprache: „Hallo, ich bin Samira."

Wendy lächelte und erwiderte: „Hallo, ich bin Wendy …", aber danach verstand Samira nichts mehr.

Wendy gab ihrem Dolmetscher, Herrn Jensen, ein Zeichen.

Herr Jensen sagte: „Möchtest du mit mir zusammen Himmel und Hölle spielen?"

„Ähm … okay", sagte Samira etwas unsicher. „Mit Ihnen?"

„Nein, nein!", sagte Herr Jensen und lachte. „Mit Wendy. Ich übersetze nur, was sie gesagt hat."

Samira lachte. „Das ist verwirrend. Ich sollte besser selber Zeichensprache lernen, damit ich allein mit ihr reden kann!"

Wendy benutzte wieder die Zeichensprache. „Wendy würde *es toll finden,* wenn du die Gebärdensprache lernst!", übersetzte Herr Jensen.

Während Samira und Wendy Himmel und Hölle spielten, schauten Jessica und Malak vorbei.

„Warum ist der Papa des neuen Mädchens mit ihr in der Schule?", fragte Jessica.

Samira schaute verwirrt. „Herr Jensen ist dein Papa?", fragte sie.

Wendy zuckte mit den Schultern und tippte sich ans Ohr. Sie hatte die Frage nicht richtig hören können.

Malak verdrehte die Augen. „Was für ein Baby! Sie kann nicht einmal eine einfache Frage beantworten!"

Samira sagte lauter: „Ist Herr Jensen dein Papa?"

Wendy beobachtete Samiras Lippen und sagte dann laut: „Nicht mein Papa! Mein Dolmetscher."

Jessica und Malak kicherten. „Ihre Stimme ist ja komisch!", sagte Jessica. „Sie klingt wie eine Ente!"

„Komm schon, Samira", sagte Malak und lachte. „Spiel lieber mit uns statt mit diesem dummen Baby."

***

Später am Morgen machte Frau Hansen eine Ankündigung. „Hamza ist heute krank. Wir brauchen einen Ersatz, der für Zimmer 6 bei der Matheolympiade antritt. Möchte jemand einspringen?"

Wendy hob ihre Hand. „Ich!"

„Danke, Wendy", sagte Frau Hansen. „Das Team von Zimmer 6 besteht jetzt aus Tim, Malak und Wendy."

Malak seufzte und flüsterte: „Wendy ist doch zu langsam für die Matheolympiade! Sie redet wie ein Baby!"

Das Geflüster verbreitete sich in der ganzen Klasse.

„Das taube Mädchen?"

„Jetzt werdet ihr verlieren!"

„Sie ist ein Dummkopf."

Nach dem Mittagessen versammelte sich die gesamte erste Klasse in der Aula. Tim, Malak und Wendy saßen an einem Tisch gegenüber von drei Kindern aus Zimmer 5. Herr Jensen stand neben der Schulleiterin und übersetzte für Wendy die Regeln.

Als die Schulleiterin die erste Matheaufgabe zeigte, hob Wendy als Erste ihre Hand. „Achtundvierzig!", sagte sie in Zeichensprache.

„Richtig. Punkt für Zimmer 6!"

Samira und ihre Klassenkameraden aus Zimmer 6 jubelten.

Welche Aufgabe auch kam, Wendy wusste immer die richtige Antwort. Das Team aus Zimmer 5 bekam manchmal ein paar Extrapunkte, weil es schneller antwortete, aber Zimmer 6 beantwortete keine einzige Aufgabe falsch.

„Ich kann nicht glauben, dass wir gewonnen haben!", meinte Jessica.

„Alhamdulillah, wir gehen in die zweite Runde!", sagte Samira.

Runde zwei war Zimmer 6 gegen Zimmer 4, und dank Wendys Schnelligkeit gewann Zimmer 6 noch mal.

Wendy und Herr Jensen zeigten den Kindern aus Zimmer 6, wie Gehörlose „klatschen", indem sie mit den Fingern in der Luft winken. „Es macht keinen Ton, aber es zeigt Wendy, dass ihr jubelt", informierte sie Herr Jensen.

Malak ging von der Bühne herunter und lief zu Samira. „Hast du dein Zeichensprachebuch dabei?"

Sie blätterte in Samiras Buch, bis sie das Gebärdenzeichen fand, nach dem sie suchte. Sie bat Herrn Jensen, für sie zu übersetzen: „Wendy, du bist echt schlau. Du kennst dich in Mathe besser aus als der Rest von uns. Ich hätte mich nicht über dich lustig machen oder dich ein Baby nennen dürfen." Dann machte sie mit ihrer Faust einen Kreis über ihrem Herzen, eine Gebärde, um zu zeigen, dass es ihr leidtat.

Zimmer 6 zog in die letzte Runde gegen Zimmer 1 ein. Die ganze Klasse war aufgeregt und winkte mit den Fingern, um Wendy zuzujubeln, als diese Zimmer 6 schließlich zum Sieg führte.

Allah will, dass wir freundlich sind und nette Dinge zu anderen sagen. Wir sollten andere nicht beschimpfen oder uns über ihr Aussehen oder ihre Sprache lustig machen. Wir sollten immer respektvoll sein und andere so behandeln, wie wir selbst behandelt werden möchten.

TU IMMER GUTES

(34) Nicht gleich sind die gute Tat und die schlechte Tat. Wehre mit einer Tat, die besser ist, (die schlechte) ab, dann wird derjenige, zwischen dem und dir Feindschaft besteht, so, als wäre er ein warmherziger Freund.

Fussilat (Fussilat) 41.34

وَلَا تَسْتَوِى الْحَسَنَةُ وَلَا السَّيِّئَةُ ۚ ادْفَعْ بِالَّتِى هِىَ أَحْسَنُ فَإِذَا الَّذِى بَيْنَكَ وَبَيْنَهُ عَدَاوَةٌ كَأَنَّهُ وَلِىٌّ حَمِيمٌ ﴿٣٤﴾

GESCHICHTE 17

Kein Mobbing in Zimmer 6

Am Tag nach der Matheolympiade las Frau Hansen der ersten Klasse in Zimmer 6 das Buch „*Nein! Tomaten ess ich nicht!*" vor. Allen gefiel das Ende, in dem die wählerische Esserin heimlich zugibt, dass Tomaten eigentlich ihr Lieblingessen sind.

Frau Hansen wies die Klasse an, ein paar Zeilen über das Ausprobieren von etwas Neuem zu schreiben. Anschließend hängte sie die Kurzaufsätze für alle zum Lesen auf.

Hamza schrieb:

> *Ich hätte nicht gedacht, dass ich Avocado mag. Sie ist grün und schleimig. Meine Mutter hat mir ein Brot mit Frischkäse, Avocado und Tomate gemacht und gesagt, dass ich einen Bissen probieren soll. Es war lecker. Jetzt möchte ich Avocado auf all meinen Broten!*

Wendy schrieb:

> *Ich wollte bei der Matheolympiade mitmachen, aber ich spreche nicht gerne vor anderen Leuten. Außerdem haben mich einige Mädchen auch noch ein dummes Baby genannt. Ich habe trotzdem bei der Matheolympiade mitgemacht und allen gezeigt, dass ich gut in Mathe bin. Meine ganze Klasse hat mir zugejubelt. Ein Mädchen hat sich dafür entschuldigt, dass sie sich über mich lustig gemacht und mich ein dummes Baby genannt hat. Ich hoffe, wir können Freunde werden.*

Als Hamza Wendys Aufsatz las, stockte ihm der Atem.

„Was ist?", fragte Ali.

„Ich fasse es nicht. Jemand hat Wendy an ihrem ersten Schultag ein *dummes Baby* genannt." Hamza schüttelte den Kopf.

„Wahrscheinlich, weil es schwer ist, mit ihr zu sprechen", sagte Ali.

„Das ist doch egal! Es ist wirklich schlimm, auf jemandem herumzuhacken oder ihn zu beschimpfen ... besonders wenn er eine Behinderung hat."

Ali zuckte mit den Schultern. „Das passiert doch immer wieder. Du und ich wurden gehänselt, weil wir Moslems sind. Mein Vater wurde auf der Arbeit wegen seines Akzents gehänselt. Mein Bruder Rami wurde wegen seiner Hautfarbe gemobbt."

„Das *sollte* aber nicht passieren", sagte Hamza. „Wir können alle so mutig und freundlich sein wie Wendy, damit es kein Mobbing mehr gibt."

Ali nahm eine Superhelden-Pose ein und sagte mit tiefer Stimme: *„Das Gute wird das Böse besiegen!"*

„Ich möchte allen zeigen, dass Güte Mobbing besiegt. Hilfst du mir, ein paar Plakate zu machen?", fragte Hamza.

Ali schnappte sich ein paar große Papierbögen. Hamza holte die Stifte heraus. Während sie zeichneten, kamen andere Kinder dazu.

Hamza und Ali fertigten Plakate an, auf denen zu lesen war: *„Versucht freundlich zu sein!"*, *„Respektiert euch gegenseitig!"* und *„Es ist okay, anders zu sein!"*

Jessica und Lily machten Plakate, auf denen stand: *„Setz dich heute zu jemand Neuem!"* und *„Fordere jemand Neuen zum Spielen auf!"*

Auf Samiras Plakat stand: *„Lerne mich kennen! Rede nicht schlecht über mich!"*

Wendy machte ein Plakat, auf dem stand: *„Hör nicht auf zu träumen, auch wenn jemand auf dir herumhackt!"*

Am Ende ihrer Freistunde hatten die Kinder aus Zimmer 6 acht Plakate angefertigt, die sie in der Schule aufhängen konnten.

Frau Hansen wandte sich an die Klasse: „Ihr Kinder schafft eine *positive Schulkultur*. Wir wollen, dass unsere Klasse und unsere Schule ein sicherer Ort sind, an dem sich jeder besonders und einbezogen fühlt."

Hamza stimmte zu. „Wir können *alle* besser darin werden, andere Kinder nicht zu hänseln oder zu schikanieren."

Ali nahm wieder seine Superhelden-Pose ein und sagte mit tiefer Stimme: *„Gemeinsam* können wir Mobbing stoppen!" Er zeigte auf eines der neuen Plakate, auf dem stand: *„Kein Mobbing in Zimmer 6!"*

„So ist es", sagte Frau Hansen. „Du musst nicht mit jedem befreundet sein, aber du kannst immer freundlich sein." Sie ließ die Klasse ihre Plätze einnehmen. „So, jetzt ist es aber Zeit für Mathe."

Ali hob seine Hand. „Kann ich mit Wendy zusammenarbeiten? Sie ist sehr gut in Mathe!"

Hamza sagte: „Lasst uns *alle* mit jemandem zusammensitzen, mit dem wir noch nie gearbeitet haben."

Frau Hansen lachte. „Na dann los! Alle Kinder tauschen ihre Plätze!"

Allah weist uns an, andere mit Freundlichkeit und Gerechtigkeit zu behandeln, auch wenn es einmal schlecht läuft. Reagiere auf Negativität mit Positivität und Verständnis, und du wirst feststellen, dass sogar deine Feinde zu deinen Freunden werden können.

HALTE DEINE VERSPRECHEN

(2) O die ihr glaubt, warum sagt ihr, was ihr nicht tut? (3) Welch schwerwiegende Abscheu erregt es bei Allah, daß ihr sagt, was ihr nicht tut.

As-Saf (Das Schlacht) 61.2-3

يَا أَيُّهَا الَّذِينَ آمَنُوا لِمَ تَقُولُونَ مَا لَا تَفْعَلُونَ ۞ كَبُرَ مَقْتًا عِندَ اللَّهِ أَن تَقُولُوا مَا لَا تَفْعَلُونَ ۞

GESCHICHTE 18

Der Hindernisparcours

„Wir machen einen Wettbewerb", sagte Herr Haller, der Sportlehrer der ersten Klasse. „Jungen gegen Mädchen!"

Es war Sporttag für Zimmer 6 und alle Kinder waren aufgeregt, den Tag in der Schulturnhalle zu beginnen.

Der Sportlehrer fuhr fort: „Für die Gewinner gibt es eine Pizza-Party zum Mittagessen. Die Verlierer müssen den Müll auf dem Schulhof aufsammeln."

Samira und Lily stimmten einen Sprechchor an: „Mädchen! Mädchen! Mädchen!"

Alle Mädchen machten mit.

Die Jungen drängten sich zusammen. Es herrschte ein reges Geflüster.

„Wir müssen gewinnen."

„Arbeitet zusammen."

„Schlagen wir die Mädchen!"

„Pizza! Pizza! Pizza!"

„Ich möchte, dass jeder etwas verspricht", sagte Herr Haller, woraufhin alle still wurden. „Ihr müsst fair spielen. Wenn ihr versprecht, fair zu bleiben, wird das ein tolles Rennen!"

Als alle zugestimmt hatten, erklärte Herr Haller den Hindernisparcours und wie sie in einer Staffel von einer Seite des Parcours zur anderen laufen würden. „Ich empfehle euch, euren stärksten und schnellsten Läufer als *Letzten* auf die Strecke zu schicken, damit ihr stark ins Ziel kommt", sagte er.

Alle stellten sich in einer Reihe auf und Herr Haller pfiff zum Start des Rennens.

Jessica lief für die Mädchen und Hamza für die Jungen los. Seite an Seite stürmten sie zum niedrigen Schwebebalken und überquerten ihn vorsichtig. Sie liefen mit Riesenschritten durch Reifenreihen, erklommen eine Leiter, kletterten über eine Seilbrücke, rannten eine Rampe hinunter und liefen um die Wette, um den nächsten Läufer ihrer Gruppe ins Rennen zu schicken.

Die nächsten beiden, Layla und Tim, mussten den Parcours rückwärts durchmachen: die Rampe hinauf, über die Seilbrücke, die Leiter hinunter, durch die Reifenhindernisse und über den Schwebebalken. Beide stürmten durch den Parcours, um ihre Nachläufer, Lily und Zander, möglichst schnell abzuklatschen.

Alle anderen Mädchen und Jungen in der Turnhalle jubelten und schrien die Namen ihrer Freunde.

Ab dem vierten Durchlauf lagen die Jungen schon deutlich vor den Mädchen. Als der Schlussläufer der Jungen, Ali, abgeklatscht wurde, waren sie schon weit voraus.

„Du schaffst das!", ermutigten die Mädchen Fatima, ihre schnellste Läuferin und das letzte Mädchen in der Staffel. „Schlag die Jungs! Denk an die Pizza-Party!"

Ali war schon an den Reifen vorbei und griff nach der Leiter, als Fatima losstürmte, um die Lücke zu schließen. Sie flitzte über den Abblendlichtbalken und sprang geschwind durch die Reifenhindernisse.

„Los, Fatima, los!", riefen die Mädchen.

Ali sprang auf die Seilbrücke, als plötzlich ein Seil riss.

„Au!" Er verlor das Gleichgewicht und er krachte auf den Boden. „Aua! Mein Knöchel!", brüllte er.

Fatima war in der Nähe und lief zu ihrem Freund. „Geht es dir gut?"

Ihre Teamkolleginnen schrien: „Los, Fatima, los! Das ist deine Chance! Wir können das gewinnen!"

„Es tut weh", sagte Ali, „aber InshaAllah kann ich das Rennen beenden!"

„Du musst auf dem Mädchenkurs weitermachen. Die Brücke für die Jungs ist kaputt. Dann los!" Fatima half ihm auf die Beine und sie gingen zum Mädchenparcours hinüber. Sie half Ali, mit nur einem Bein zu klettern. Dann überquerten sie gemeinsam die Seilbrücke.

„Willst du nicht gewinnen?", fragte Ali, als Fatima ihm die Rampe hinunterhalf.

Fatima flüsterte: „Wenn wir zusammen durchs Ziel gehen, können wir uns die Pizza teilen – und später auch gemeinsam den Müll aufsammeln. Außerdem habe ich versprochen, fair zu spielen, und es wäre nicht fair, das Rennen zu gewinnen, nur weil deine Seilbrücke kaputtgegangen ist."

Arm in Arm überquerten sie gemeinsam die Ziellinie.

Allah will, dass wir unsere Versprechen immer einhalten und das Vertrauen, das andere in uns haben, nicht brechen. Wir sollen immer ehrlich sein und zu unserem Wort stehen.

ACHTE AUF WEISE AUSGABEN UND WEISEN KONSUM

(67) Und diejenigen, die, wenn sie ausgeben, weder maßlos noch knauserig sind, sondern den Mittelweg dazwischen (einhalten).

Al-Furqan (Das Kennzeic) 25.67

وَالَّذِينَ إِذَا أَنْفَقُوا لَمْ يُسْرِفُوا وَلَمْ يَقْتُرُوا وَكَانَ بَيْنَ ذَلِكَ قَوَامًا ۝

GESCHICHTE 19

Die Buchausstellung

Layla und Samira verbrachten ihre ganze Pause auf der Buchausstellung und besuchten sie nach dem Mittagessen sogar ein zweites Mal.

„Ich will alle Bücher!", jubelte Samira.

„Ich auch!" sagte Layla. „Welches willst du denn kaufen?"

„Schwer zu sagen. Ich habe zehn Euro, also kann ich mir zwei von denen kaufen." Samira zeigte auf eine Drachen-und-Einhorn-Buchreihe mit mehreren Teilen. „Oder ich könnte *das hier* nehmen!" Sie hielt ein schweres Buch über Weltrekorde hoch.

Layla hatte eine Idee. „Ich habe auch zehn Euro! Zusammen könnten wir uns also *vier* Bücher der Serie kaufen. Ich lese das erste Buch und tausche es mit dir. Dann können wir beide die ganze Serie lesen."

„Das machen wir!", sagte Samira.

Frau Moser, die Bibliothekarin, schüttelte jedoch den Kopf. „Mädchen, ihr habt zu lange gebraucht, um euch zu entscheiden. Jetzt ist erst mal Zeit für den Unterricht. Ihr könnt euch die Bücher morgen kaufen."

„Oh ... Mann", sagte Samira und stellte die Bücher zurück ins Regal. „Dann bis morgen, Frau Moser."

Die Mädchen gingen zu Frau Hansen in den Sprachunterricht und anschließend in die Turnhalle zum Sport. Nach der Schule gingen sie gemeinsam nach Hause.

„Ich bin am Verhungern", sagte Layla. „Hast du noch etwas in deiner Brotdose?"

„Nein, tut mir leid", sagte Samira. „Ich habe alles gegessen, was ich dabeihatte."

„Ich bin an Sporttagen immer so hungrig. Lass uns ein Eis essen gehen."

„Ich muss erst meine Mutter fragen", sagte Samira.

Als sie bei ihrem Haus ankamen, war Samiras Mutter allerdings dagegen. „Warum esst ihr Mädchen nicht hier einen kleinen Snack? Ich mache euch ein Sandwich."

„Nein, danke", sagte Layla. Dann winkte sie zum Abschied und machte sich auf zur Eisdiele.

***

In der Pause am nächsten Tag eilten die Mädchen wieder zur Buchausstellung, um ihre Bücher zu kaufen. Sie stellten sich in einer Reihe auf, jede mit zwei Büchern in der Hand.

„Zehn Euro, bitte", sagte Frau Moser.

Layla zählte ihr Geld ab. „Hmm, ich habe nur vier Euro", sagte sie.

„Tut mir leid, Layla", sagte Frau Moser. „Du hast leider nicht genug Geld, um dir zwei Bücher zu kaufen."

„Aber Layla", unterbrach Samira, „gestern hast du doch gesagt, du hättest zehn Euro?"

„Hatte ich auch", antwortete Layla, „aber ich habe gestern sechs Euro in der Eisdiele ausgegeben. Ist schon okay. Du kaufst zwei Bücher, und ich kaufe die anderen beiden nächstes Jahr, InshaAllah."

Samira zuckte mit den Achseln. „Ich will keine Buchserie beginnen und ein ganzes Jahr darauf warten, bis ich sie abschließen kann. Unser Plan war ja gut, aber du hast dein Geld nicht klug ausgegeben. Im Moment würde ich also lieber nur das Buch mit den Weltrekorden haben."

Beide stellten ihre Bücher zurück ins Regal.

Layla wischte sich eine Träne weg. „Es tut mir leid."

„Ist schon okay!" Samira umarmte ihre Freundin. „Das ändert nichts daran, dass du meine beste Freundin bist."

„Danke", sagte Layla.

Samira nahm Layla an die Hand. „Komm, ich kaufe dir ein Buch und du gibst mir das Geld irgendwann später wieder zurück."

Allah will, dass wir achtsam mit unseren Ausgaben und unserem Verbrauch umgehen. Wir sollen Verschwendung und Exzesse vermeiden und ein Gleichgewicht bei der Verwendung unserer Mittel finden.

SEI SACHKUNDIG

(114) Erhaben ist Allah, der König, der Wahre! Und übereile dich nicht mit dem Qur'an, bevor dir seine Offenbarung vollständig eingegeben worden ist. Und sag: Mein Herr, lasse mich an Wissen zunehmen.

Taha (Tá Há) 20.114

فَتَعَالَى اللَّهُ الْمَلِكُ الْحَقُّ ۗ وَلَا تَعْجَلْ بِالْقُرْآنِ مِنْ قَبْلِ أَنْ يُقْضَىٰ إِلَيْكَ وَحْيُهُ ۖ وَقُلْ رَبِّ زِدْنِي عِلْمًا ﴿١١٤﴾

GESCHICHTE 20

Ahmad lernt Arabisch

„Drei Monate ohne Fußballtraining! Wie sollen wir uns bitte bis zur Rückrunde die Zeit vertreiben?", fragte Youssef Michi und Ahmad.

Die Jungenmannschaft der dritten Klasse hatte vier Tage in der Woche trainiert und außerdem samstags gespielt, damit sie in den Wintermonaten mehr Freizeit haben konnte.

„Mein Papa hat versprochen, mir Nachhilfe in Arabisch zu geben", sagte Ahmad. „Er ist schon ganz aufgeregt und hat alles wie einen richtigen Kurs geplant."

„Warum willst du Arabisch lernen?", fragte Michi. „Dein Vater sollte dir Französisch beibringen, damit du nächstes Jahr mehr Einsen schreibst!"

Ahmad lächelte. Er war froh, eine mehrsprachige Familie zu haben, und freute sich schon darauf, in der Schule Französisch zu lernen. „Wenn meine Familie betet, sprechen wir die Gebete auf Arabisch. Ich würde gerne verstehen, was wir sagen."

Youssef schüttelte den Kopf. „Deswegen musst du nicht gleich die ganze Sprache lernen! Lern doch einfach nur die Wörter auswendig, so wie ich."

Ahmad grinste. „Ich gehe schon in die Moschee, seit ich ganz klein war. Ich habe schon alle Juz Amma' Suren auswendig gelernt."

„Dann weißt du doch schon genug", sagte Youssef achselzuckend.

Ahmad schüttelte den Kopf. „Ich wachse in meinem Glauben, weshalb ich auch mehr lernen möchte."

„Du nimmst das zu ernst", sagte Michi lachend. „Auf keinen Fall würde ich meine Freizeit damit verbringen, eine alte Sprache zu lernen."

„Der Koran ist sehr alt, aber er ist voller Leben. Ich lerne echt viel aus ihm. Eines Tages würde ich ihn gerne selbst lesen können", sagte Ahmad.

***

Ahmad und sein Papa arbeiteten sich durch ein Buch, damit Ahmad Arabisch lernen konnte. Nach drei Monaten konnte Ahmad die schönen Buchstaben lesen und schon ein bisschen Arabisch sprechen. Jedes Mal, wenn sie übten, lächelte sein Papa und sagte: „Ich bin wirklich stolz darauf, wie viel du gelernt hast."

„Es ist aber immer noch sehr schwer, den Koran zu verstehen", gab Ahmad zu.

„Ich weiß!", sagte Papa. „Aber diese Dinge brauchen Zeit. Wir werden den Koran einfach weiter zusammen durchgehen. Eines Tages wirst du ihn selbst lesen können."

***

Am nächsten Tag in der Schule war Ahmad oft abgelenkt und geistesabwesend. Es war fast schon Zeit für den Rückrundenstart im Fußball. *Gibt es ein Wort für Fußball auf Arabisch*, fragte er sich in der Mittagspause. Er holte sein Handy heraus, öffnete seine Arabisch-Deutsch-Wörterbuch-App und tippte *„Fußball"* ein.

Frau Matti räusperte sich. „Ahmad, du weißt doch, dass Handys in der Schule nicht erlaubt sind."

„Tut mir leid!" Ahmad steckte sein Handy schnell weg. „Ich habe nur ein Wort im Wörterbuch nachgeschlagen. Ich werde mein Handy in der Schule nicht mehr benutzen. Bitte geben Sie mir noch eine Chance!"

„Tss, tss, tss", sagte Frau Matti und schnalzte mit der Zunge. „Wenn du wirklich ein Wörterbuch benutzt hast, drücke ich noch mal ein Auge zu. Danke, dass du dein Handy weggelegt hast."

Youssef stupste Ahmad in die Rippen. „Pass bloß auf, Ahmad", sagte er. „Wenn du in der Schule immer wieder Ärger bekommst, wirst du auch Ärger mit Gott bekommen. Allahs Barmherzigkeit hat schließlich Grenzen, wenn du dich weiter falsch verhältst."

Ahmad ließ den Kopf hängen. *Ist das wahr? Wird Allah mir nicht mehr verzeihen, wenn ich zu viele Fehler mache?* Er dachte an etwas, das er am Tag zuvor mit seinem Vater gelesen hatte.

Nach der Schule zeigte Ahmad Youssef eine Passage aus dem Koran auf seinem Handy.

لَا تَقْنَطُوا مِنْ رَحْمَةِ اللَّهِ

Ahmad las die Buchstaben vor, die ihnen beiden bekannt vorkamen. „*Verliere nicht die Hoffnung auf Allahs Barmherzigkeit*", übersetzte Ahmad. „Es bedeutet, dass wir immer darauf vertrauen können, dass Allah uns liebt und uns vergibt."

Youssef nickte. „Das ist ein wirklich tröstender Gedanke. Ich sollte wohl auch etwas Arabisch lernen."

„Und ich sollte mich mehr anstrengen, in der Schule keinen Ärger zu bekommen", sagte Ahmad. „Jetzt muss ich aber los. **Assalamu Alaikum.**"

Er konnte es kaum erwarten, seinem Vater zu erzählen, dass er etwas aus dem Koran heute zum ersten Mal allein gelesen hatte.

Allah will, dass wir immer weiter lernen und unser Wissen erweitern. Es ist wichtig, dass wir nie aufhören zu lernen, denn es hilft uns, in unseren Herzen und in unserem Verstand bessere Menschen zu werden.

ERWIDERE EINEN GRUß MIT GUTEN MANIEREN

(86) Und wenn euch ein Gruß entboten wird, dann grüßt mit einem schöneren (zurück) oder erwidert ihn. Gewiß, Allah ist über alles ein Abrechner.

An-Nisa (Die Frauen) 4.86

وَإِذَا حُيِّيتُم بِتَحِيَّةٍ فَحَيُّوا بِأَحْسَنَ مِنْهَا أَوْ رُدُّوهَا ۗ إِنَّ اللَّهَ كَانَ عَلَىٰ كُلِّ شَىْءٍ حَسِيبًا ۝

GESCHICHTE 21

Großelterntag

In der Kantine herrschte helle Aufregung. Alle hatten ihre Großeltern zum Mittagessen in die Schule eingeladen, weil heute Großelterntag war.

Fatima hielt die Hand ihrer Großmutter fest. „Komm, Oma; ich zeige dir, wo meine Freunde und ich zu Mittag essen."

Als sie zum Tisch kamen, saß Tim bereits mit seinen Großeltern dort.

Tims Großvater streckte seine Hand aus. „Hallo, ich bin Kevin", sagte er. „Das ist meine Frau, Kathrin."

Oma schüttelte ihnen die Hand. „*Assalamu Alaikum*, Kevin. *Assalamu Alaikum*, Kathrin. Freut mich, euch kennenzulernen."

Fatima wurde rot. „Oma!", flüsterte sie. „Du bist echt peinlich! Sag doch einfach hallo." Sie öffnete ihre Butterbrotdose und holte ein Sandwich für sich selbst und ein Sandwich für Oma heraus.

Oma setzte sich auf den Platz neben sie.

„Was hat deine Oma denn gesagt?", fragte Tim.

„Das ist nur ein Gruß auf Arabisch", sagte Fatima.

Oma lächelte warmherzig. „*Assalamu Alaikum* bedeutet ‚Friede sei mit dir'. Es ist ein alter Gruß, der auf den Propheten Adam (FSAI), den ersten Menschen, zurückgeht, als er die Engel grüßte."

„Lass uns einfach Deutsch sprechen, okay, Oma?", unterbrach sie Fatima. „Schau, da ist unsere Freundin Jessica."

Jessica stellte ihr Essenstablett auf den Tisch. „Das ist meine *Abuela*", sagte sie und klatschte aufgeregt in die Hände. „Ihr Name ist Flor. Das bedeutet *Blume* auf Spanisch!"

„Hallo, Flor", sagten Opa Kevin, Oma Kathrin und die anderen Kinder.

„Assalamu Alaikum, Flor", fügte Oma hinzu.

Abuela Flor lächelte und legte ihre Hand auf ihr Herz. *„Mucho gusto."*

Tims Augen leuchteten auf. „Was hat deine Oma gerade gesagt?"

„Mucho gusto", wiederholte Jessica. „So sagt man ‚Schön, dich kennenzulernen' auf Spanisch. Versuch es doch mal. *Mu-cho gu-sto."*

„Mu-cho gu-sto", wiederholte Tim.

„Genau!", sagte Jessica. „Sag es mal zu meiner *Abuela!"*

„Mucho gusto, Flor", sagte Tim und streckte die Hand aus, um die Hand von Flor zu schütteln.

Abuela Flor lächelte. *„Gracias",* bedankte sie sich auf Spanisch bei Tim.

„Das ist wirklich cool", sagte Fatima. „Ich will es auch mal versuchen! *Mu-cho gu-sto."*

„Super!", jubelte Jessica.

Fatima hatte noch nie Spanisch gesprochen. „Das macht Spaß! *Mucho gusto!",* sagte sie zu *Abuela* Flor.

Als Jessica und ihre *Abuela* sich setzten, flüsterte Fatima ihrer Oma zu: „Vielleicht möchten meine Freunde ja auch lernen, *Assalamu Alaikum* zu sagen."

„Da bin ich mir sicher", antwortete ihre Oma. „Es ist ein schönes Gefühl, einen Gruß höflich zu erwidern."

Fatima erzählte von ihrer Idee. „Wenn Layla mit ihrem Opa kommt, lasst uns ihn auf Arabisch grüßen! Sagt einfach: *As-sa-lam A-lay-kom."*

Fatimas Freunde übten: *„As-sa-lam A-lay-kom."*

„Hey, Leute", grüßte Layla und stellte ihr Essen auf den Tisch. „Das ist mein Opa, Mohammed."

„Assalamu Alaikum", sagten die Kinder.

Opa Mohammed lächelte. *„Wa Alaikum Assalam.* Friede sei auch mit euch."

***

Umgeben von Großeltern und Freunden konnte Fatima nicht anders, als ein Gefühl von Wärme und Liebe zu empfinden. Sie freute sich, ihre Kultur zu teilen und von anderen zu lernen.

Als die Mittagspause zu Ende ging und die Großeltern sich auf den Heimweg machten, umarmte Fatima ihre Großmutter ganz fest und sagte: „Ich bin so froh, dass du heute gekommen bist, Oma. Wegen dir bin ich stolz darauf, wer ich bin."

Ihre Großmutter umarmte sie zurück. „Ich bin auch stolz auf dich, meine Liebe. Vergiss nicht, einen Gruß immer mit noch mehr Freundlichkeit und Liebe zu erwidern."

Höflich zu sein, ist wichtig für Allah. Höflichkeit ist schließlich das Gleiche wie Liebe zu zeigen. Wenn uns jemand grüßt, sollten wir den Gruß nicht nur erwidern, sondern dies auch mit Freundlichkeit tun.

TRITT STETS FÜR GERECHTIGKEIT EIN

(135) O die ihr glaubt, seid Wahrer der Gerechtigkeit, Zeugen für Allah, auch wenn es gegen euch selbst oder die Eltern und nächsten Verwandten sein sollte! Ob er (der Betreffende) reich oder arm ist, so steht Allah beiden näher (...)

An-Nisa (Die Frauen) 4.135

يَا أَيُّهَا الَّذِينَ آمَنُوا كُونُوا قَوَّامِينَ بِالْقِسْطِ شُهَدَاءَ لِلَّهِ وَلَوْ عَلَىٰ أَنْفُسِكُمْ أَوِ الْوَالِدَيْنِ وَالْأَقْرَبِينَ ۚ إِنْ يَكُنْ غَنِيًّا أَوْ فَقِيرًا فَاللَّهُ أَوْلَىٰ بِهِمَا (...) ﴿١٣٥﴾

GESCHICHTE 22

Wasserbomben

„Adam!" Ali umarmte seinen älteren Cousin. „Assalamu Alaikum!"

„Wa Alaikum Assalam", erwiderte Adam. „Ich habe dich seit Tante Khadijas Hochzeit nicht mehr gesehen!"

Alis Bruder, Rami, schlug mit Adam ein. „Adam! Wie geht es dir?"

„Mir geht's gut. Danke, dass ihr mich eingeladen habt. Ich habe Wasserbomben mitgebracht. Dann können wir morgen eine Wasserbombenschlacht machen!"

„Morgen?", fragte Rami. „Warum nicht jetzt gleich?"

„Okay", sagte Adam und lachte. „Ich stelle nur meine Tasche kurz ab, dann hole ich sie raus."

Ali begleitete Rami und Adam mit aufs Zimmer, wo sie dann die Wasserbomben aus der Tasche hervorkramten. Aber als die älteren Jungs ins Bad gingen, um die Wasserbomben zu füllen, war es jedoch zu eng für die drei.

„Ali, kannst du uns etwas Platz machen?", fragte Rami seinen kleinen Bruder.

Ali steckte eine Handvoll leerer Ballons in seine Tasche und ging in die Küche. Dort wartete er hinter der Tür und beobachtete seinen Bruder und seinen Cousin. Als Rami und Adam schließlich wieder nach draußen gingen, schlich Ali zurück ins Badezimmer, um seinen eigenen Vorrat an Wasserbomben zu füllen.

Ali konnte bereits hören, wie die älteren Jungs im Garten spielten. Eilig band er seinen letzten Ballon zu. Mit den Ballons unter seinem Hemd schlich er sich zur Haustür hinaus und ging auf Zehenspitzen in Richtung der Büsche, wo er Rami und Adam auflauern wollte.

„Jungs!", rief Mama und durchkreuzte damit Alis Plan. „Rein mit euch!" Sie sah wütend aus. „Auf der Stelle!"

Rami und Adam warfen sich verwirrte Blicke zu, als sie ins Haus gingen.

Ali versteckte seinen Vorrat an Wasserbomben, rannte um das Haus und schlich sich gerade noch rechtzeitig hinein, um seine Mama sagen zu hören: „Ihr habt den Wasserhahn im Bad angelassen! Seht euch nur diese Sauerei an!"

Das Wasser tropfte vom Badezimmertisch auf den Boden. Mama hatte ein paar Handtücher auf den Boden gelegt, damit sich das Wasser nicht weiter ausbreiten konnte, aber die Sauerei war trotzdem groß.

„Oh nein!", sagte Adam. „Es tut mir so leid, Tante Salma."

„Wir machen das gleich wieder sauber", fügte Rami hinzu.

Ali sah mit großen Augen zu. *Ich muss in der Hektik wohl den Wasserhahn angelassen haben*, dachte er. *Aber solange mein Vorrat an Wasserbomben versteckt bleibt, wird niemand erfahren, dass ich es war.* Er kicherte.

„Was ist so lustig?", fragte Rami, als er mit einem Stapel Handtücher zurückkam.

„Ach, nichts", antwortete Ali.

„Adam, gib mir den Teppich", sagte Rami. „Ich hänge ihn draußen zum Trocknen auf."

Adam reichte den Teppich über die Wasserlache. „Wie konnten wir nur das Wasser anlassen?"

„Es tut mir echt leid, Mann", sagte Rami. „So habe ich mir unsere Übernachtung nicht vorgestellt – mit Saubermachen."

„Ja, das machen wir sicher kein zweites Mal", meinte Adam.

„Ihr hättet mich Wasserbomben mit euch füllen lassen sollen!", platzte Ali auf einmal heraus.

Die beiden älteren Jungs sahen Ali verwirrt an.

„Äh, wie bitte?", fragte Adam.

„Ich bin schuld. Ich habe den Wasserhahn angelassen. Bitte sag nicht, dass du nicht mehr bei uns übernachten willst!"

Adam lachte. „Ich meinte eigentlich, dass ich nie wieder ein Bad fluten werde! Ihr seid meine Lieblingscousins, klar werde ich weiter bei euch übernachten, InshaAllah!"

„Es tut mir leid", sagte Ali. „Es ist nur fair, dass ich das jetzt saubermache."

„Hol dir ein Handtuch." Rami zeigte in Richtung des Schranks. „Wir werden dir helfen."

Ali machte sich ans Saubermachen.

Als der Boden trocken war, sagte Rami: „Wir sind mit unserem Teil fertig. Du kannst dich jetzt um die

Tischplatte kümmern."

Ali machte seine Arbeit fertig und steckte die nassen Handtücher danach in die Waschmaschine. Er wusste, dass es die richtige Entscheidung gewesen war, zu gestehen und selbst die Folgen seiner Handlungen zu tragen.

Er ging nach draußen, um nach seinem Bruder und seinem Cousin zu suchen.

Adam und Rami sprangen aus dem Gebüsch. „Überraschung!"

Platsch! Platsch! Platsch! Platsch! Ali war viermal getroffen worden.

„Wir haben im Gebüsch ein Versteck mit Wasserbomben gefunden", sagte Adam mit einem Augenzwinkern. „Wo die wohl hergekommen sind?"

Ali hob eine Wasserbombe auf, die noch nicht geplatzt war. Er lachte und warf sie nach seinem Cousin.

Allah möchte, dass wir fair und wahrhaftig sind. Wir sollen immer bei der Wahrheit bleiben, uns entschuldigen, wenn wir Fehler machen, und dafür sorgen, dass alles gerecht ist. Allah mag es, wenn wir das Richtige tun, auch wenn dies manchmal schwer ist.

SCHÄTZE JEDEN BEITRAG, WIE KLEIN ER AUCH SEIN MAG

(79) Diejenigen, die gegen die Freiwilligen unter den Gläubigen wegen der Almosen verhöhnen und (auch) gegen diejenigen, die nichts als ihre Mühe (als Leistung zu erbringen) finden, und dann über sie spotten - Allah spottet über sie, (...)

At-Tawbah (Die Reue) 9.79

الَّذِينَ يَلْمِزُونَ الْمُطَّوِّعِينَ مِنَ الْمُؤْمِنِينَ فِي الصَّدَقَاتِ وَالَّذِينَ لَا يَجِدُونَ إِلَّا جُهْدَهُمْ فَيَسْخَرُونَ مِنْهُمْ سَخِرَ اللَّهُ مِنْهُمْ (...) ﴿٧٩﴾

GESCHICHTE 23

Der Beitrag von Yasmin

„Malak", sagte Mama, „erinnerst du dich, dass wir im letzten Ramadan Kleidung und Spielzeug ausgesucht haben, um die Sachen zu spenden?"

Malak nickte. „Wir sind deshalb mit einer großen Kiste voller Babykleidung und Bücher zum Kinderkrankenhaus gefahren!"

„Genau", sagte Mama. „Yasmin ist schon fast vier Jahre alt und damit alt genug, auch zu lernen, wie man Bedürftigen hilft. Ich möchte, dass du mit ihr zusammen ein paar Sachen zum Verschenken heraussuchst."

„Okay." Malak machte ihren Rücken gerade und lächelte stolz. „Komm schon, Yasmin. Gehen wir in unser Zimmer."

Malak führte Yasmin zu ihrem Spielzeugregal. „Gibt es Spielzeug, das noch schön ist, mit dem du aber nicht mehr spielst?"

Yasmin schaute auf und ab. Schließlich ging sie zu Malaks Spielzeugregal hinüber und griff nach Malaks Lieblingspuppe. „Ich kann Becky verschenken."

„Nein, nein, nein. Becky ist *meine* Puppe. Und ich will sie nicht weggeben!" Malak nahm ihrer Schwester Becky ab und setzte die Puppe ganz oben ins Regal.

„Und was ist damit?" Yasmin griff nach Malaks Tischtennisschläger.

„Nein. Der gehört auch mir. Ich benutze ihn in der Schule", sagte Malak. „Such mal nach etwas, das *dir* gehört." Malak öffnete die Kleiderschranktüren und zeigte auf ein paar Hemden und Kleider. „Passen die noch?"

„Ja."

„Alle?", fragte Malak.

„Ja", antwortete Yasmin.

Malak seufzte. Sie fing an, ihre eigenen Klamotten durchzugehen und zog Hemden und Hosen heraus, die ihr mittlerweile zu klein waren. Sie machte auf ihrem Bett einen großen Haufen mit Sachen zum Spenden. Dann legte sie ein paar kleine Puppen, einen Hut, den sie nie getragen hatte, und das schöne Kleid, das sie zur Hochzeit ihrer Tante getragen hatte, dazu.

„Nein!", rief Yasmin. „Du darfst das Kleid nicht weggeben! Ich will es behalten!" Sie zog es aus dem Spendenhaufen.

„Es ist mein Kleid, also kann ich es auch weggeben", erwiderte Malak und legte das Kleid wieder zurück.

„Dann gib es doch *mir*!", rief Yasmin. „Ich will damit Prinzessin spielen." Sie griff wieder nach dem Kleid.

Malak seufzte. „Okay, von mir aus." Sie reichte es ihrer Schwester. „Aber jetzt bekommst du eigentlich mehr Sachen, als du weggibst."

Yasmin legte das Kleid in ihre Kleiderkiste und zog dann ein Holzpuzzle aus dem Regal. „Früher mochte ich dieses Puzzle, aber jetzt spiele ich es nicht mehr", sagte sie und legte es auf den Spendenhaufen.

„Nur eine Sache?", fragte Malak leicht gereizt und legte währenddessen zwei Plüschbären auf den Haufen. „Hast du wirklich nicht mehr, was du weggeben kannst?"

Mama kam gerade noch rechtzeitig ins Zimmer, um Yasmin schreien zu hören: „Ich will nichts anderes weggeben!"

„Mama!" Malak zeigte auf ihre Schwester. „Yasmin will nur ein einziges Puzzle verschenken!"

Mama setzte sich auf das Bett, zog ihre Töchter an sich und umarmte sie. „Ist schon gut, meine Kleinen. Wirklich. Malak, du bist groß und verschenkst deshalb große Dinge. Yasmin ist noch klein. Sie lernt gerade erst noch, was es heißt, mit Rücksicht auf Allahs Willen zu geben."

Malak nickte. „Du hast recht. Ein schönes Puzzle kann ein Kind glücklich machen. Es ist ein gutes Geschenk."

Yasmin gab ihrer großen Schwester einen Kuss auf die Wange. „Nächstes Jahr werde ich das Prinzessinnenkleid verschenken."

„InshaAllah", sagte Malak und umarmte sie.

Selbst der kleinste Beitrag ist wertvoll in den Augen Allahs. Wir sollten niemals diejenigen kritisieren, die nur kleine Beträge für wohltätige Zwecke spenden oder sich nur wenig bemühen. Allah mag es nicht, wenn wir Menschen verspotten, die versuchen, etwas Gutes zu tun.

BESTÄTIGE DIE WAHRHEIT, BESCHULDIGE NIE OHNE BEWEISE

(6) O die ihr glaubt, wenn ein Frevler zu euch mit einer Kunde kommt, dann schafft Klarheit, damit ihr (nicht einige) Leute in Unwissenheit (mit einer Anschuldigung) trefft und dann über das, was ihr getan habt, Reue empfinden werdet.

Al-Hujurat (Die Wohnunge) 49.6

يَا أَيُّهَا الَّذِينَ آمَنُوا إِنْ جَاءَكُمْ فَاسِقٌ بِنَبَإٍ فَتَبَيَّنُوا أَنْ تُصِيبُوا قَوْمًا بِجَهَالَةٍ فَتُصْبِحُوا عَلَىٰ مَا فَعَلْتُمْ نَادِمِينَ ۞

GESCHICHTE 24

Das kaputte Soundboard

Der Sportlehrer Herr Haller machte über den Lautsprecher eine Durchsage. „Alle Jungen der vierten Klasse, die in der Pause Basketball gespielt haben, kommen bitte zu einer kurzen Besprechung in die Turnhalle."

„Das hört sich nicht gut an", murmelte Mohammed und sah Phillip an.

Als sie aus dem Klassenraum gingen, sagte Phillip: „Ich frage mich, was wir angestellt haben."

Auf dem Flur trafen Mohammed und Phillip auf Omar, Hugo und einige der anderen Jungen, die Basketball mit ihnen gespielt hatten und jetzt auf dem Weg zur Turnhalle waren.

„Bekommen wir Ärger?", fragte Hugo.

„Keine Ahnung", sagte Omar. „Vielleicht braucht er unsere Hilfe bei den Vorbereitungen für das Erntedankfest."

Die Jungs seufzten erleichtert. „Das muss es sein. Wir haben in der Pause ja nichts falsch gemacht", sagte Hugo.

Die Turnhalle war herbstlich geschmückt und vor der Tribüne waren Truthähne aus Pappmaschee aufgereiht. Der Sportlehrer baute die Stereoanlage und die Lautsprecher auf, um die Herbstparty vorzubereiten.

„Da seid ihr ja", sagte er. Die Jungs konnten schon an seinem Gesichtsausdruck erkennen, dass sie in Schwierigkeiten steckten. „Ich hatte euch doch gebeten, nicht in der Nähe der Tonanlage zu spielen, und jetzt ist ein Knopf am Soundboard kaputt. Das ist ein sehr teures Teil der Anlage. Wer von euch war das?"

Die Jungs sahen sich schockiert an.

„Herr Haller", begann Mohammed, „wir haben auf dem anderen Platz gespielt, nicht hier bei der Tonanlage."

Der Sportlehrer nickte. „Auf jeden Fall sieht es so aus, als hätte ein Basketball das Soundboard getroffen. Habt ihr andere Schüler hier drüben spielen gesehen?"

„Das muss Omar gewesen sein", sagte Phillip. „Er war mal hier drüben."

Omar schüttelte den Kopf. „Ich habe nur mal vorbeigeschaut, um mir die Partydekoration anzusehen!"

Mohammed zeigte auf ihn. „Aber du hattest einen Basketball dabei."

„Ich ... ich hatte einen Basketball, aber ich habe ihn nur getragen. Ich habe die Tonanlage nicht kaputt gemacht!"

Hugo kicherte. „Bist du sicher? Du bist mit dem Ball schließlich echt ungeschickt!"

Die Jungs lachten.

„Das war eindeutig Omar!", sagte Phillip.

Omar wurde rot. „Ich war es nicht. Echt nicht!" Er wandte sich von seinen Freunden ab und wischte sich eine Träne aus dem Gesicht.

„Seht ihn euch an, er ist schuldig!", meinte ein Junge.

„Er lügt bestimmt, damit er das Soundboard nicht bezahlen muss!", sagte ein anderer.

Mohammed trat vor und sagte mit fester Stimme: „Hey, das reicht jetzt. Wir haben keine Beweise dafür, dass es wirklich Omar war."

Plötzlich schwangen die Türen der Turnhalle weit auf. Einige Schulmitarbeiter brachten gerade eine Hüpfburg für die Party herein. Ein Windstoß, der durch die offene Tür hereinströmte, brachte die hängende Truthahndekoration zum Schwanken. Ein Truthahn fiel krachend herunter und verfehlte Mohammed und die Tonanlage nur um wenige Millimeter.

Mohammed hob den Truthahn auf. „Na, sieh mal einer an!", sagte er. Dann legte er sich auf den Boden der Turnhalle und schaute unter die Tribüne. Er griff unter sie und zog einen zweiten Pappmaché-Truthahn hervor, der bei einem Sturz kaputt gegangen war.

Hugo nahm ihn Mohammed ab und hielt ihn hoch. „Der Truthahn muss auf das Soundboard gefallen sein. Er ist ungefähr so schwer wie ein Basketball."

Mohammed stand auf. „Er muss hier gelandet sein." Er zeigte auf das Soundboard, genau auf den abgebrochenen Knopf. „Und er ist dann unter die Tribüne gerollt."

Herr Haller nahm den Truthahn in die Hand. „So schaut es wohl aus."

Omar seufzte. „Alhamdulillah", flüsterte er.

Alle drehten sich zu ihm um.

„Es tut mir leid, dass ich dich beschuldigt habe", sagte Mohammed und legte Omar eine Hand auf die Schulter.

Die anderen Jungs stimmten ein: „Mir auch."

„Tut mir leid, Mann."

„Wir hätten dich nicht auslachen sollen."

„In Ordnung", sagte Herr Haller. „Jetzt brauche ich kurz eure Hilfe. Lasst uns die Tontechnik besser woanders aufstellen als unter dieser Dekoration!"

Die Jungs fingen eifrig an zu helfen.

Bevor du eine Nachricht glaubst und verbreitest, solltest du erst überprüfen, ob sie wahr ist. Wenn du das machst, kannst du verhindern, dass du falsche Informationen verbreitest und anderen Schaden zufügst. Auf diese Weise kannst du Fehler vermeiden, die du später bereuen könntest.

ACHTE DAS EIGENTUM ANDERER MENSCHEN

(29) O die ihr glaubt, zehrt nicht euren Besitz untereinander auf nichtige Weise auf, es sei denn, daß es sich um einen Handel in gegenseitigem Einvernehmen handelt. Und tötet euch nicht selbst (gegenseitig). Allah ist gewiß Barmherzig gegen euch.

An-Nisa (Die Frauen) 4.29

يَا أَيُّهَا الَّذِينَ آمَنُوا لَا تَأْكُلُوا أَمْوَالَكُمْ بَيْنَكُمْ بِالْبَاطِلِ إِلَّا أَنْ تَكُونَ تِجَارَةً عَنْ تَرَاضٍ مِنْكُمْ ۚ وَلَا تَقْتُلُوا أَنْفُسَكُمْ ۚ إِنَّ اللَّهَ كَانَ بِكُمْ رَحِيمًا ۝

GESCHICHTE 25

Die geliehenen Buntstifte

Layla hatte ihre Buntstifte verloren. Sie machte sich Sorgen, dass ihre Lehrerin, Frau Knecht, sauer auf sie sein würde, weil sie nicht alle Schulsachen dabeihatte. *Ich werde mir einfach Buntstifte von Mariam ausleihen*, dachte sie. *Muss ja keiner wissen.*

Als Mariam nicht hinsah, griff Layla zu ihrer Sitznachbarin hinüber und zog einen lila Buntstift aus Mariams Federtasche.

Hinterhältig zu sein war eigentlich nicht Laylas Art und sie fühlte sich deshalb ein wenig schuldig – aber Mariam war schließlich ihre Freundin. *Sie würde mir die Stifte sowieso ausleihen*, dachte sie.

Nach ein paar Tagen kam es ihr zu dumm vor, sie zu fragen.

Frau Knecht bat die Kinder in Zimmer 4, das Balkendiagramm auf ihrem Mathearbeitsblatt auszumalen. Layla wartete geduldig, bis Mariam nicht hinsah, und stibitzte dann einen blauen Buntstift aus Mariams Federtasche.

Ein paar Augenblicke später kippte Mariam ihre Buntstifte aus. „Hey, hast du meinen blauen Buntstift gesehen?", fragte sie.

„Oh, tut mir leid, ich habe wohl aus Versehen deinen erwischt", erwiderte Layla und reichte Mariam den blauen Stift. Dann tat sie so, als ob sie ihren eigenen suchen würde.

„Kein Problem!", sagte Mariam.

Das war knapp, dachte Layla. *Ich frage besser Mama nach neuen Buntstiften!*

***

Als Laylas Familie an diesem Abend zu Abend aß, zeigte ihr Vater ihnen eine Rechnung. Papa war im Krankenhaus gewesen und trotz seiner Versicherung schuldete die Familie eine Menge Geld.

„Ich bin euch wirklich dankbar, dass ihr der Familie geholfen habt, Geld zu sparen", sagte ihr Vater. „Ich weiß, dass ihr eine Menge aufgeben müsst, aber ich bin froh, dass wir die Rechnungen jetzt bezahlen können. InshaAllah werden die Dinge bald wieder normal sein." Seine Augen leuchteten voller Hoffnung. „Bismillah."

„Bismillah", wiederholte Layla und begann dann zu essen. Sie war stolz auf ihre Familie, weil diese in schweren Zeiten zusammenhielt. *Ich werde einfach weiter Buntstifte mit Mariam teilen, um Geld zu sparen*, dachte sie. *Das tut ja keinem weh.*

***

Als Layla in der nächsten Woche einen halben roten Buntstift aus Mariams Mappe zog, erwischte Mariam sie auf frischer Tat.

„Stiehlst du etwa meine Buntstifte?", fragte Mariam.

„Oh, entschuldige!", sagte Layla. „Ich leihe ihn mir nur aus." Sie gab ihn Mariam zurück. „Ich dachte, du hättest nichts dagegen."

„Hätte ich vielleicht auch nicht", sagte Mariam, „aber du solltest trotzdem vorher fragen, wenn du meine Sachen benutzen willst!"

„Es tut mir leid. Ich habe meine Stifte verloren", gestand Mariam und schaute auf ihre Hände. „Und ich will meine Eltern nicht um neue Stifte bitten."

„Als ich gestern meine Wasserflasche aus dem Fundbüro geholt habe, war da auch eine Mappe mit Buntstiften. Vielleicht sind das ja deine?"

„Echt? Dann lass uns mal nachsehen!" Layla hob ihre Hand. „Frau Knecht, dürfen Mariam und ich kurz im Fundbüro nach meinen Buntstiften suchen?"

„Ja, aber beeilt euch. Und wenn ihr sie nicht findet, sagt mir Bescheid. Ich habe immer ein paar extra Buntstifte dabei."

Die Mädchen eilten zum Fundbüro.

Dort angekommen öffnete Layla die Mappe mit den Buntstiften und holte einen roten Stift heraus. „Das können nicht meine sein", sagte sie traurig. „Mein roter Buntstift ist kaputt."

„Oh, schau mal." Mariam drehte den roten Stift um. Er hatte Mariams Initialen - M.K.

Die Mädchen sahen sich gegenseitig an und lachten.

Layla sagte: „Wenn das *deine* Buntstifte sind, dann musst du *meine* haben!"

„Vielleicht sollten wir beide lernen zu fragen, bevor wir etwas von jemandem borgen", sagte Mariam und lachte. „Es tut mir leid!"

Layla umarmte ihre Freundin. „Ist schon okay."

Anschließend gingen die Mädchen Arm in Arm zurück in die Klasse.

Allah will, dass wir ehrlich sind und uns nicht Vorteile verschaffen durch das, was anderen gehört. Wir sollten uns immer vergewissern, dass wir das Eigentum eines anderen auch wirklich benutzen dürfen.

SEI NACHSICHTIG

(40) Die Vergeltung für eine böse Tat ist etwas gleich Böses. Wer aber verzeiht und Besserung bringt, dessen Lohn obliegt Allah. Er liebt ja nicht die Ungerechten.

Asch-Schura (Die Beratung) 42.40

وَجَزَاءُ سَيِّئَةٍ سَيِّئَةٌ مِثْلُهَا ۖ فَمَنْ عَفَا وَأَصْلَحَ فَأَجْرُهُ عَلَى اللَّهِ ۚ إِنَّهُ لَا يُحِبُّ الظَّالِمِينَ ﴿٤٠﴾

GESCHICHTE 26

Yasins Modellflugzeug

Samira rannte mit einem Modellflugzeug durch das Haus. *„Zisch, zisch, zisch!"* Sie manövrierte das Flugzeug im langen Flur auf und ab.

„Hey!", rief Yasin seiner Schwester zu. „Das ist kein Spielzeug! Gib es her!"

„Du hast es im Wohnzimmer liegen gelassen", sagte Samira, „also spiele ich jetzt damit." Sie drehte sich von Yasin weg.

„Das kann leicht kaputtgehen!", rief Yasin wütend. „Gib es sofort her!"

Samira drehte sich um und zuckte mit den Achseln. „Wenn du meinst. Hier, fang." Sie warf ihrem Bruder das Flugzeug zu.

Yasin streckte seinen Arm nach dem Flugzeug aus, griff aber daneben. Es sauste an seinem Arm vorbei und krachte gegen die Wand. Mit einem dumpfen Knall fiel es auf den Boden. *Knack!* Ein Flügel brach ab.

„Ups", sagte Samira.

„Ups?" Yasin stampfte mit dem Fuß. „Du hast mein Flugzeug kaputt gemacht!", schrie er. Mit zu Fäusten geballten Händen marschierte er an Samira vorbei. „Dafür wirst du zahlen!"

Er stapfte in Samiras Zimmer und schnappte sich ein Buch von ihrem Nachttisch. „Du meinst, du kannst meine Sachen kaputtmachen? Dir werde ich's zeigen!" Er öffnete ein schweres Buch, das Weltrekorde zum Thema hatte. *Reiß!* Dramatisch riss er eine Seite aus dem Buch.

„Hast du sie noch alle?", rief Samira. „Hör auf damit! Reiß nicht noch mehr Seiten heraus!" Sie zog Yasin das Buch aus den Händen. *Reiß.* Eine weitere Seite zerriss. „Du … Jetzt reicht's! Ich werde auch ein Buch von dir kaputt machen!"

Samira warf ihr Weltrekordbuch aufs Bett und rannte zu Yasins Schlafzimmer. Er blockierte die Tür mit seinem Körper.

„Lass mich durch!", sagte Samira. Sie versuchte, sich an Yasin vorbeizudrängeln.

„Auf keinen Fall!", rief Yasin. Er packte Samira an den Schultern und hielt sie zurück.

Nach einem kurzen Kampf standen sich Bruder und Schwester still gegenüber und sahen sich in die Augen. Dort konnten sie ihre eigenen Gefühle – Wut, Frust, Enttäuschung und Verrat – wie in einem Spiegel erkennen.

Samira holte tief Luft. „Ich wollte dein Flugzeug nicht kaputt machen." Sie befreite sich ruckartig aus dem Griff ihres Bruders.

„Ich habe dir gesagt, du sollst nicht damit spielen."

„Das war ein Versehen." Samira zeigte mit dem Finger auf ihren Bruder. „Aber du hast mein Buch mit Absicht zerrissen!"

Yasin packte ihren Arm. „Das war meine Rache", sagte er selbstgefällig.

„Wenn du dich rächst, fühle ich mich doch nicht schlechter, weil ich dein Flugzeug kaputt gemacht habe! Das bringt mich nur dazu, mich danach wieder an dir rächen zu wollen."

Yasin dachte über die Worte seiner Schwester nach. „Du hast recht." Er ließ den Arm seiner Schwester los. „Ich hätte dein Buch nicht zerreißen sollen", gab er zu.

Samira trat einen Schritt zurück. Die beiden Geschwister sahen sich an.

Yasin erinnerte sich an etwas, das seine Mutter einmal gesagt hatte: *Vergebung ist besser als Rache. Vergib so, wie du möchtest, dass dir vergeben wird.*

Er atmete langsam aus. „Ich war zwar sehr, sehr wütend, aber es hat nichts gebracht, mich an dir zu rächen. Kannst du mir verzeihen?"

Samira nickte. „Das mit deinem Flugzeug tut mir wirklich leid." Sie hob die Bruchstücke vom Boden auf. „Kannst du mir auch verzeihen?"

„Ich bin immer noch sauer", stöhnte Yasin, „aber ich verzeihe dir natürlich."

Samira reichte Yasin die Bruchstücke. „Kann du es vielleicht reparieren?"

„Wenn ein Teil einmal kaputt ist, sieht es nie wieder so schön aus." Yasin hielt den Flügel an das Flugzeug und studierte ihn. „Aber ich kann es mal versuchen. Kannst du das Flugzeug festhalten, während ich den Flügel anklebe?"

„Mache ich", sagte Samira.

„Ich hole den Modellierkleber. Danach kann ich auch die Seiten mit Klebeband wieder in dein Buch kleben",
bot Yasin an.

„Pah, ein mit Klebeband geflicktes Buch ist auch nicht schön!" sagte Samira mit einem sanften Lächeln.
„Aber wir können es trotzdem zusammen reparieren, InshaAllah."

Yasin umarmte seine kleine Schwester. „Ich weiß, es ist nicht gut, wenn wir uns streiten, aber wir können
einander verzeihen, Alhamdulillah."

Samira schlang ihre Arme um ihn. „Alhamdulillah", sagte sie.

Allah mag es, wenn wir anderen vergeben, so wie wir wollen, dass Allah und
andere uns vergeben.

GEH MIT GUTEM BEISPIEL VORAN

(44) Befehlt ihr denn den Menschen Güte, während ihr euch selbst vergeßt, wo ihr doch die Schrift lest? Begreift ihr denn nicht?

Al-Baqarah (Die Kuh) 2.44

أَتَأْمُرُونَ النَّاسَ بِالْبِرِّ وَتَنْسَوْنَ أَنْفُسَكُمْ وَأَنْتُمْ تَتْلُونَ الْكِتَابَ أَفَلَا تَعْقِلُونَ ﴿٤٤﴾

GESCHICHTE 27

Der Gebärdensprachkurs

„Es ist wirklich wichtig, dass wir *alle* einbeziehen", sagte Samira lächelnd. „Deshalb möchte ich, dass wir die Gebärdensprache lernen, damit wir alle – Jungen und Mädchen – mit Wendy reden können und sie sich mehr einbezogen fühlt."

Samira hatte Wendy, eine gehörlose Schülerin, und Herrn Jensen, ihren Dolmetscher, gebeten, ihnen mittwochs nach der Schule einige Gebärden beizubringen. Neben Samira und Wendy hatten sich auch die Erstklässler Hamza, Mariam, Tim, Ali und Jessica in der Schulbibliothek zum ersten Gebärdensprachkurs versammelt.

„Fangen wir doch mit ein paar Gebärden an, die wir oft benutzen", sagte Herr Jensen und zeigte die Gebärdensprache, während er sprach. *„Ja* und *nein.* Versucht es mal!"

Die Kinder folgten dem Beispiel von Herrn Jensen und machten die Gebärden nach. Sie bewegten ihre Handgelenke und Finger und wiederholten *„Ja, nein, ja, nein".*

„Machen wir weiter mit *bitte* und *danke*", fuhr Herr Jensen fort. *„Bitte. Danke*", zeigte er in Zeichensprache.

„Das ist ja einfach", sagte Mariam. *„Bitte. Danke."*

Jessica setzte zwei Gebärden zusammen. *„Nein, danke*", zeigte sie in Zeichensprache. „Das macht Spaß! Lasst uns noch mehr lernen!"

„Ja, bitte", sagten die Kinder in Gebärdensprache. Alle lachten.

Wendy klopfte aufgeregt auf den Tisch. „Ihr macht das toll!", sagte sie und lächelte.

„Bald werden wir mit dir reden können, ohne dass Herr Jensen für uns dolmetscht!", rief Ali. Er lachte und guckte dann, ob ihm Herr Jensen seinen Kommentar nicht übel nahm.

Herr Jensen grinste jedoch und übersetzte für Wendy. Dann fuhr er fort: „Arbeiten wir jetzt am Alphabet.

Dann können wir lernen, wie wir unsere Namen buchstabieren. Es braucht ein bisschen Übung, um alle Buchstaben zu lernen, also übt am besten jeden ein paar Mal." Er begann mit dem A, und die Kinder übten mit ihm.

Als Herr Jens am Ende des Alphabets angelangt war, kam eine Gruppe von Kindergartenkindern aus dem Hort in die Bücherei. Mariams jüngere Cousine Sara war auch in der Gruppe und ging neugierig auf den Gebärdensprachkurs zu.

„Was macht ihr denn da?", fragte Sara.

„Assalamu Alaikum, Sara. Wir lernen die Gebärdensprache!", sagte Mariam, während sie ihre Cousine zur Begrüßung umarmte.

„Oh, cool!", sagte Sara. „Ich will das auch lernen!"

„Das ist leider nur für Erstklässler", sagte Samira und zeigte auf die Kinder am Tisch. „Nicht für Kindergartenkinder. Tut mir leid."

Mariam lehnte sich dicht an Samira. „Sara ist meine Cousine. Lassen wir sie doch mitmachen."

Samira zuckte mit den Achseln. „Wir haben schon angefangen und sie hat zu viel Rückstand zu uns."

„Sie kann trotzdem noch ein paar Gebärden lernen", sagte Tim.

„Der Tisch ist schon voll", argumentierte Samira.

Sara trat langsam einen Schritt zurück. „Egal." Sie zuckte mit den Achseln und ging langsam zurück zu ihrer Kindergartengruppe, die in den Bücherregalen stöberte.

Ali rückte mit seinem Stuhl näher an Jessica heran und machte so eine Lücke zwischen ihm und Mariam. „Ist doch kein Problem, Platz für sie machen", sagte er.

Mariam fügte hinzu: „Ich werde ihr am Wochenende das Alphabet beibringen, dann ist sie vor dem nächsten Unterricht auf unserem Stand."

„Lasst uns auch nicht vergessen, was wir uns mit diesem Kurs eigentlich vorgenommen hatten", sagte Hamza.

Die Kinder wurden still.

Samira flüsterte: „Alle einzubeziehen."

Samira stand auf und ging zu Sara. „Es tut mir leid. Ich hätte dich nicht ausschließen sollen. Du darfst gerne bei uns mitmachen."

Sara holte sich schnell einen Stuhl und quetschte sich zwischen Mariam und Ali. „Danke", sagte sie. Dann sagte sie in Zeichensprache: *„Ich bin S-A-R-A, Sara."*

Wendy schnappte nach Luft. *„Ich bin W-E-N-D-Y, Wendy. Kannst du Zeichensprache?"*, fragte sie.

„Ein bisschen", erwiderte Sara in Zeichensprache mit einem breiten Grinsen.

Allah will, dass wir gut sind. Wir sollten immer versuchen, ein gutes Beispiel für andere zu sein. Es ist wichtig, dass wir immer tun, was wir sagen, und nicht nur leere Worte verbreiten.

SEI GEDULDIG

(10) Sag: O meine Diener, die ihr gläubig seid, fürchtet euren Herrn. Für diejenigen, die Gutes tun, gibt es hier im Diesseits Gutes. Und Allahs Erde ist weit. Gewiß, den Standhaften wird ihr Lohn ohne Berechnung in vollem Maß zukommen.

Az-Zumar (Die Gruppen) 39.10

قُلْ يَا عِبَادِ الَّذِينَ آمَنُوا اتَّقُوا رَبَّكُمْ لِلَّذِينَ أَحْسَنُوا فِي هَذِهِ الدُّنْيَا حَسَنَةٌ وَأَرْضُ اللَّهِ وَاسِعَةٌ إِنَّمَا يُوَفَّى الصَّابِرُونَ أَجْرَهُم بِغَيْرِ حِسَابٍ ۝

GESCHICHTE 28

Begierig auf Plätzchen

Rami erklärte seinem Bruder Ali seinen Plan für Papas Geburtstag. „Zuerst backen wir Schokokekse – die mag Papa am liebsten – und wenn Papa nach Hause kommt, schauen wir uns den neuen Superheldenfilm an und essen unsere Kekse!"

In der Küche half Mama den Jungs, die Zutaten vorzubereiten. Sie reichte Rami zwei Streifen kalte Butter. „Die Butter muss Zimmertemperatur haben", erklärte Mama. „Stell sie ans Fenster und warte, bis sie weich ist, dann kannst du sie mit den Eiern und dem Zucker vermischen." Sie erklärte, wie sie das Rezept lesen und welche Messbecher sie benutzen mussten. „Ich werde mich ein bisschen hinlegen. Sagt mir Bescheid, wenn ihr Hilfe braucht."

Ali und Rami machten sich an die Arbeit. Sie schlugen die Eier auf und maßen den Zucker ab.

„Als Nächstes kommt die Butter", sagte Rami. „Ist sie schon weich?"

Ali stocherte hinein. „Sie ist noch ziemlich hart. Wie lange müssen wir noch warten?"

„Keine Ahnung", sagte Rami.

Während sie warteten, maßen sie Mehl, Backpulver und Salz ab und stellten es beiseite.

Rami stocherte in der Butter. „Sie ist immer noch nicht weich."

Ali maß die Schokoladenstückchen ab. Rami legte die Keksbleche mit Backpapier aus. Dann prüften sie die Butter ein drittes Mal.

„Das dauert ja ewig. Lass sie uns in die Mikrowelle stellen." Rami gab die Butter in eine Schüssel und machte sie dreißig Sekunden in der Mikrowelle warm. Er goss die geschmolzene Butter in die Zuckermischung und Ali verrührte sie.

„Das ging viel schneller als Mamas Methode", sagte Rami.

„MashaAllah!" Die Jungs klatschten sich ab.

Sie mischten die Zutaten gut zusammen und schaufelten die Teigmasse mit einem Löffel auf das Plätzchenblech.

Als die erste Ladung Kekse im Ofen war, sagte Rami: „Die sehen perfekt aus. Sie werden in neun Minuten fertig sein. Fangen wir am besten schon mit der zweiten Ladung an."

Während er weitere Kekse auf ein zweites Blech löffelte, schnupperte Ali an der Luft. „Die riechen so lecker! Ich kann es kaum erwarten, dass Papa nach Hause kommt." Er warf einen Blick in den Ofen. „Oh, oh, die Kekse laufen zusammen!"

Rami lief zum Ofen. Auf dem Blech breitete sich der Teig zu einem riesigen zusammenhängenden Keks aus. Er ging, um seine Mama zu holen.

Mama wusste sofort, was los war. „Das passiert, wenn die Butter geschmolzen wird und wärmer ist als Zimmertemperatur."

„Ups", sagte Rami. „Wir hätten wohl etwas geduldiger sein sollen."

Der Timer ging aus und er nahm die flachen Kekse vorsichtig aus dem Ofen.

„Die sind total ruiniert!"

„Diese Kekse werden trotzdem gut schmecken", sagte Mama, „aber sie werden eher knusprig sein als weich."

„Papa wird so enttäuscht sein!", sagte Ali.

„Vielleicht können wir einen großen Kekskuchen daraus machen?", schlug Rami vor.

„Ein knuspriger Kekskuchen ist schwer zu essen", sagte Mama.

„Am besten fangen wir noch mal von vorne an", sagte Ali.

Rami fasste sich ans Kinn und dachte nach. „Wie wäre es, wenn wir einen Kekskuchen machen, ihn dann zerbröseln und die Brösel auf Eiscreme geben?"

„Das hört sich lecker an", sagte Mama.

Rami und Ali rollten die zweite Teigladung zu einem riesigen Keks aus. Als er fertig gebacken war, gingen die Jungs zum Laden an der Ecke, um Eiscreme zu kaufen.

Es dauerte nicht lange, da kam Papa von der Arbeit nach Hause und rief seine Söhne zu sich: „Jungs! Zeit für einen Film und Kekse!"

„Es gibt keine Kekse", sagte Rami und ließ den Kopf hängen.

„Was? Ihr habt mir doch Geburtstagskekse versprochen!", sagte Papa lachend. „Und es riecht im ganzen Haus nach Keksen!"

„Wir waren nicht geduldig genug, um sie richtig zu backen", gestand Rami.

Ali umarmte seinen Vater. „Wir wollen aus den vermasselten Keksen Eisbecher mit Kekskrümeln machen. Fändest du das gut?"

„Das klingt nach einer guten Planänderung", sagte Papa.

Rami und Ali servierten die Eisbecher, dann setzte sich die Familie zusammen, um den Film zu genießen.

„Alles Gute zum Geburtstag, Papa", riefen Rami und Ali.

Gute Dinge geschehen, wenn du geduldig bist und das Richtige tust.
Glaube einfach an Allahs Plan und sei geduldig, dann wirst du sehen,
wie dir Gutes widerfährt.

SEI FREUNDLICH

(28) Doch wenn du dich nun von ihnen abwendest - im Trachten nach einer Barmherzigkeit von deinem Herrn, die du dir erhoffst -, so sag zu ihnen milde Worte.

Al-Israa (Die Nachtwan) 17.28

وَإِمَّا تُعْرِضَنَّ عَنْهُمُ ابْتِغَاءَ رَحْمَةٍ مِنْ رَبِّكَ تَرْجُوهَا فَقُلْ لَهُمْ قَوْلًا مَيْسُورًا ﴿٢٨﴾

GESCHICHTE 29

Fatimas gebrochenes Bein

Frau Hansen war bereits die Anwesenheitsliste für Montag durchgegangen und hatte mit dem Unterricht begonnen, als Fatima zur Tür hereinkam. Ihre Lehrerin unterbrach die Stunde.

„Guten Morgen, Fatima."

Fatima sah angestrengt aus. „Kann mir bitte jemand mit der Tür helfen?"

Tim sprang von seinem Stuhl und hielt die Tür für Fatima auf.

Danach konnten alle sehen, warum Fatima Hilfe brauchte. Sie hatte einen Gips an ihrem rechten Bein und Krücken unter ihren Armen.

„Oh je, was ist denn mit dir passiert?", fragte Frau Hansen.

„Ich bin vom Trampolin gefallen und habe mir das Bein gebrochen", antwortete Fatima. Sie schaute zu ihrer Lehrerin auf. „Es tut mir leid, dass ich zu spät gekommen bin. Ich muss noch lernen, mit diesen Krücken zu laufen."

„Brauchst du Hilfe?", fragte Malak.

Samira sprang auf und bot an: „Lass mich dir mit deinen Büchern helfen." Sie nahm Fatimas Schultasche und stellte sie neben ihrem Schultisch ab. Tim zog Fatimas Stuhl heraus, um ihr beim Hinsetzen zu helfen. Fatima hielt Samiras Hand, während sie sich auf einem Bein in ihren Sitz drehte. Lily schnappte sich die Krücken und legte sie ordentlich auf die andere Seite von Fatimas Stuhl.

„Danke, Leute!", sagte Fatima.

Malak stand peinlich berührt daneben. „Tut mir leid. Ich wollte dir auch helfen, aber alle anderen waren schneller als ich. Brauchst du sonst noch etwas?"

Fatima seufzte. „Nein, danke. Ist soweit alles gut."

„Oh", sagte Malak. „Okay." Sie runzelte die Stirn.

Frau Hansen setzte ihren Unterricht fort. Als es Zeit für die Gruppenarbeit war, verschoben Tim und Wendy ihre Tische, damit Fatima an ihrem Platz bleiben konnte. Samira achtete darauf, dass niemand Fatimas Bein anrempelte. Jessica holte den Malkasten für Fatima aus dem Regal.

„Alhamdulillah, ihr seid alle so nett", sagte Fatima.

„Gibt es jetzt etwas, was ich für dich tun kann?" fragte Malak hoffnungsvoll.

„Ich glaube, das war es", sagte Jessica und reichte Fatima ihren Malkasten.

Als die Arbeitszeit vorbei war, schickte Frau Hansen die Klasse in die Pause.

„Komm, ich helfe dir auf", sagte Jessica und bot Fatima ihre Hand an.

„Ich halte deinen Stuhl fest, damit er nicht verrutscht", sagte Ali.

Lily reichte Fatima vorsichtig ihre Krücken. „Bist du bereit?"

„Ja, danke", erwiderte Fatima und ging zur Tür.

Malak durchquerte den Raum und ging zu Fatima. „Kann ich irgendwie helfen?", fragte sie. Sie suchte nach etwas, das sie für Fatima machen oder tragen konnte.

„Nein, danke. Ab jetzt komme ich klar", sagte Fatima.

Hamza hielt die Tür für die Mädchen auf und machte sich dann auf zu seinen Freunden.

Malak ließ die Schultern hängen. „Ich fühle mich wie eine schlechte Freundin. Alle haben dir geholfen, aber ich konnte nicht mal eine einzige Sache für dich machen."

„Es ist mir ein bisschen peinlich, dass alle so einen Aufstand machen", gab Fatima zu, während sie ihren Freunden hinterhersah, die vor ihr in die Pause stürmten. Vorsichtig machte sie einen weiteren langsamen Schritt. „Sieht wohl so aus, als wäre ich für die nächsten Wochen immer die Letzte, die in die Pause kommt."

Malak nickte und machte sich ebenfalls auf, auf den Pausenhof zu eilen. Dann hielt sie jedoch inne. „Darf ich dich vielleicht begleiten?"

Fatima lächelte. „Das wäre von allen Dingen das Netteste, das heute jemand für mich tun könnte."

Malak legte ihren Kopf schief. „Wie hast du es eigentlich geschafft, vom Trampolin zu fallen?"

„Naja", begann Fatima, „das ist eine lustige Geschichte …"

Sie redeten, lachten und gingen gemeinsam in die Pause.

Allah will, dass wir zu allen freundlich sind, vor allem zu denen, die es besonders brauchen. Auch wenn wir ihnen nichts geben können, sollten wir trotzdem nette Worte sagen und freundliche Taten vollbringen, damit es ihnen besser geht.

DENKE KRITISCH UND HANDLE MIR KLARHEIT

(83) Und wenn ihnen eine Angelegenheit zu (Ohren) kommt, die Sicherheit oder Furcht betrifft, machen sie es bekannt. Wenn sie es jedoch vor den Gesandten und den Befehlshabern unter ihnen brächten, würden es wahrlich diejenigen unter ihnen wissen, die es herausfinden können (...)

An-Nisa (Die Frauen) 4.83

وَإِذَا جَاءَهُمْ أَمْرٌ مِنَ الْأَمْنِ أَوِ الْخَوْفِ أَذَاعُوا بِهِ ۖ وَلَوْ رَدُّوهُ إِلَى الرَّسُولِ وَإِلَىٰ أُولِي الْأَمْرِ مِنْهُمْ لَعَلِمَهُ الَّذِينَ يَسْتَنْبِطُونَهُ مِنْهُمْ ۗ (...) ﴿٨٣﴾

GESCHICHTE 30

Die Eid al-fitr Überraschung

Am letzten Tag des Ramadan arbeiteten die Kinder freiwillig in der Moschee und bereiteten Kisten mit Lebensmitteln für bedürftige Familien vor.

„Ich kann es kaum erwarten, morgen Eid al-Fitr zu feiern!", sagte Omar zu seinen Freunden.

Mariam legte in jede Kiste ein Glas Marmelade. „Ich freue mich schon auf das große Geschenk!", sagte sie.

„Ich auch", sagte Ali und legte Dosen mit Mais in die Kisten. „Es soll richtig cool sein."

„Ihr bekommt ein großes Geschenk für Eid al-Fitr?", fragte Layla.

„Hast du das etwa nicht mitbekommen?", fragte Mariam. „Malaks Tante Khadija hat für alle, die diese Woche in der Moschee helfen, etwas Besonderes gekauft."

Layla hielt kurz in ihrer Arbeit inne. „Ich bin mir ziemlich sicher, dass es eine Puppe ist! Wenn wir mit dem Packen fertig sind, werde ich ein ganzes Set neuer Puppenkleider kaufen."

„Es ist keine Puppe", sagte Omar mit in den Hüften gestemmten Händen. „Ich wette, es ist ein Skateboard. Khadija hat gehört, wie ich gesagt habe, dass ich den neuen Skatepark gerne mal ausprobieren möchte! Da hole ich dann meine Freunde dazu und probiere es zusammen mit ihnen aus!"

„Ich glaube, wir verschwenden mit Raten nur unsere Zeit", sagte Layla und bemerkte, dass auf einmal alle aufgehört hatten zu arbeiten. „Heute geht es erst einmal darum, bedürftigen Familien zu helfen."

Mariam zuckte mit den Achseln. „Abgesehen davon wissen wir nicht einmal, ob das mit den Geschenken überhaupt stimmt. Fatima sagte, sie habe zufällig gehört, wie Malak gesagt hat, dass ihre Tante sie nach Geschenkideen für uns gefragt hat."

Layla nickte. „Es ist wichtig, sicherzugehen, dass Informationen stimmen, bevor man sie anderen weitersagt. Vielleicht war es ja nur eine unverbindliche Frage? Oder vielleicht hat Khadija ihre Meinung inzwischen geändert?"

Ali lachte. „Sieht so aus, als ob unser ‚großes Geschenk' nur ein Gerücht ist! Es ist immer am besten, sich zu vergewissern, dass etwas wirklich stimmt. Andernfalls schmiedet man Pläne damit, die am Ende nur ins Wasser fallen, findet ihr nicht auch?"

„So ist es, Ali! Lasst uns also herausfinden, woher das Gerücht stammt. Dann können wir uns sicher sein, ob es stimmt oder nicht", sagte Mariam mit einem breiten Lächeln.

„Moment mal! Was? Willst du Khadija etwa einfach direkt fragen?", fragte Omar.

„He, he! Nein, nicht ich", erwiderte Mariam. „Ich werde meine Mutter bitten, sie anzurufen und dann ganz beiläufig zu fragen."

Alle lachten. „Okay, jetzt lasst uns aber wieder an die Arbeit gehen."

Die Kinder machten sich wieder daran, das Essen in Kisten zu verpacken, und waren gerade rechtzeitig damit fertig geworden, als das Auto zur Abholung kam. Insgesamt hatten sie achtundvierzig Kisten vorbereitet, die sie jetzt eifrig ins Auto von Omars Mutter luden.

„Los geht's!", sagte Omar. „Auf zur Lebensmittelausgabe der Gemeinde!"

„Warten wir noch einen Moment", sagte Omars Mutter leise. „Khadija kommt noch mit einer kleinen Überraschung für euch."

Alle Kinder standen still, machten große Augen und lächelten.

Layla flüsterte: „Es hat also gestimmt."

Ali platzte heraus: „Was ist es denn? Was für eine Überraschung?"

Omars Mutter grinste. „Das kann ich dir nicht sagen – es soll ja eine Überraschung sein!"

Alle lachten.

„Das hört sich hier aber nach Spaß an!", sagte eine neue Stimme.

Alle drehten sich um. „Khadija!", riefen die Kinder gemeinsam.

Khadija umarmte alle Jungen und Mädchen und zog dann einen Stapel Zettel aus ihrer Handtasche. „Ich habe etwas für euch, um euch dafür zu danken, dass ihr gutherzige Moslems seid und das Eid al-Fitr feiern wollt."

Alle schwiegen und waren gespannt darauf, endlich zu sehen, was das große Geschenk war!

Jeder konnte seine eigene Freude und Aufregung in den Gesichtern der anderen Kinder ablesen, als sie die Zettel mit der folgenden Botschaft erhielten:

Ich freue mich sehr, euch mitteilen zu können, dass wir den zweiten Tag von El-Eid zusammen verbringen werden. Wir werden ein wildes Abenteuer im Safaripark haben! Danach gibt es ein leckeres Mittagessen und zum Abschluss des Tages gönnen wir uns auf der Go-Kart-Bahn ein paar lustige Wettrennen! Wir treffen uns hier um 9.30 Uhr. Ich hoffe, ihr seid bereit für einen Riesenspaß!

Die Kinder jubelten, umarmten sich und klatschten sich ab.

„Das ist das beste Geschenk aller Zeiten!", jubelte Mariam. „Vielen Dank!"

„Ja, vielen Dank", fügte Layla hinzu. „Das wird echt ein Riesenspaß!"

„Darauf wären wir nie gekommen!", sagte Ali mit einem breiten Lächeln.

Omar nickte dankbar. „Alhamdulillah, wir sind gesegnet!"

Überprüfe immer die Fakten, bevor du Informationen weitergibst. Bitte Verantwortliche oder Überbringer von Nachrichten immer um Klarstellung, damit du ihre Worte auch bestimmt richtig verstehst. Auf diese Weise vermeidest du es, falsche Informationen zu verbreiten, und kannst weise Entscheidungen treffen.